KB265800

좌승희 박사의
**대한민국 성공 경제학**

좌승희 지음

일월담

# 좋은 이념을 넘어 옳은 이념을 지향해야…

우리나라는 지금 이념의 위기에 처해 있다. 좋은 이념은 얘기하나 어느 이념이 옳은지는 아무도 얘기하지 않는다. 국민통합을 얘기하나 어떻게 해야 하는지 모른다. 서로 다른 이념들을 적당히 '실용'이라는 옷을 입혀 타협하고 혼합하면 국민통합이 되는 줄 알고 있다. 국민통합의 첫 걸음은 어떤 이념이 옳은지 치열한 진리탐구를 통해 확인하는 일이다. 이념이란 세계관이다. 세상의 이치에 대한 믿음이다. 세상이 어떠해야 하는지에 대한 믿음이다. 이러한 이념은 모든 국민들 개개인마다 서로 다를 수 있다. 그렇다고 다 옳을 수는 없다. 여기에서 문제가 발생하기 시작한다. 옳지 않은 이념은 옳지 않은 생각과 행동, 나아가 이 이념이 집단화되면 정치과정을 통해 옳지 않은 법과 규칙을 만들어낸다. 그래서 잘못된 이념은 경제와 사회, 나아가 국가를 어렵게 한다.

오늘날 우리나라는 물론 전 세계에서 민주주의가 꽃피고 개인의 사상, 양심, 믿음의 자유가 하늘 높이 거양되면서 남의 이념의 옳고 그름에 대해 거론하는 것마저 금기시되고 있다. 이념의 자유가 보장되어야 하기 때문이다. 그러나 이념을 신성시해서는 안 된다고 생각한다. 이념을 객관화해서 볼 수 있어야 나의 발전, 사회의 발전을 얘기할 수 있다. 잘못된 이념이 집단화되면 사회마저 잘못될 수 있기 때문이다. 어떤 이념들은 그냥 좋고 아름답다는 이유로, 옳고 그름에 대한 고민 없이 많은 사람들의 믿음으로 자리 잡게 된다. 그러나 세상은 그 큰 힘으로 제 갈 길을 간다. 세상과 부딪치면, 다치는 건 잘못된 이념을 믿는 개인들이며 더 나아가 경제와 사회도 다칠 수 있다.

오늘날 우리나라는 국민통합을 위해 특별한 위원회를 만들어야 할 정도로 정치적으로 이념적 분열이 심각한 상황이다. 여기서 지식인들의 역할은 바로 세상의 이치에 대한 탐구를 통해 올바른 이념의 기초를 제공하는 데 있다고 생각한다. 태양이 도는 것이 아니라 지구가 돈다는 새로운 이념을 설파한 코페르니쿠스나 세상이 둥글다는 사실을 검증함으로써 세상이 평평하다는 이념을 둥글다는 이념으로 바꾸어내는 데 기여한 콜럼버스 같은 사람들은 전 세계인류의 이념통합을 이루는 데 큰 기여를 한 셈이다. 국민통합이란 이와 같이 어떤 이념이 진실이며 세상의 변화이치에 부합하는 것인지를 밝혀 국민들에게 알리고 교육함으로써 다수 국민들을 옳은 이념성향으로 바꿔내는 것을 의미한다. 물론 자연현상이 아닌 사회현상의 경우는 어느 세계관, 혹은 이념이 옳은지를 판별하기가 결코 용이하지 않다는 사실을 감안하더라도 국민통합의 의미는 달라지지 않는다.

이 책은 자본주의 시장경제를 새로운 각도에서 해석함으로써 그동안 잘못 믿어온 자본주의에 대한 모순관을 바로잡고 새로운 자본주의 발전관을 제시하고자 하는 목적을 가지고 있다. 그리고 이러한 새로운 자본주의 발전관에 기초하여 경제의 발전과 산업의 발전, 지역의 발전, 나아가 선진국 도약의 길을 제시하고 있다. 바라건대 이 조그만 노력이 "좋은 이념" 논쟁에서 "옳은 이념" 논쟁으로, 이념에 대한 논의의 차원을 높이고 나아가 국민통합 논의를 보다 건설적인 방향으로 유도하는 데 기여할 수 있기를 기대해 본다. 그리고 더 나아가서는 한국 경제는 물론 세계 경제의 활력 회복에 길잡이가 되기를 바란다.

2010년 元旦 반포 우거에서,

저자 **좌승희**

# 차 례

# 01 시작하면서

발전은
흥하는 이웃을
무임승차하여
따라 배움이다

동서양의 근대화의 갈림길이 된 산업혁명은 왜 중국이 아니라 영국에서 일어났을까? 최근 그레고리 클라크(Gregory Clark)라는 경제사학자는 이 문제에 대한 흥미로운 가설을 제시하고 있다. 영국은 1200년대 이후부터 산업혁명기간(1760~1860) 이전까지 인구증가가 느리면서 경제적으로 성공을 거둔 교육 수준이 높은 귀족 등 부유층의 출산율이 일반계층에 비해 더 높았던 반면, 중국의 경우는 인구증가가 월등히 높았을 뿐만 아니라 그 증가가 교육 수준이 낮은 중산층 이하의 일반계층에 집중되었기 때문이라 했다. 이로 인해 영국에서는 사회전반에 걸쳐 중산층 이상 자녀들의 사회계층 구조상 하향이동이 일어나면서 중산층의 경제적으로 유리한 가치가 전 사회적으로 퍼져 나가면서 사회의 문화유전자화된 반면, 중국의 경우는 이런 기회를 가질 수 없었기 때문이라 했다. 경제발전에 친화적인 이념이 전 사회적으로 퍼져 나갈 수 있었던 영국은 산업혁명을 이루었지만 그렇지 못했던 중국은 생산성 증가를 상회하는 인구증가로 맬서스적 함정을 벗어날 수 없었다는 것이다.[1]

클라크의 주장은 결국 사회가 흥하는 이웃으로 넘쳐야 발전할 수 있다는 명제인 셈이다. 흥하는 이웃이 있어야 다른 이웃들이 그 문화유전자를 따라 복제하고, 너도 나도 흥하는 이웃으로 태어날 수 있어야 너도 나도 모두 발전할 수 있다는 것이다. 산업혁명이 중국이 아니라 영국에서 일어난 이유는 영국에는 흥하는 이웃의 유전자가 중국에 비해 더 빠르게 퍼져 나갈 수 있는 환경이 조성됐기 때문이라는 것이다. 훌륭한 이웃 없이 너도 나도 사회도 발전할 수 있는 길은 세상에 없다는 것이다. 나보다 더 훌륭한 이웃을 두고 그로부터 더 배우지 않고 내가 한 발짝이라도 더 발전할 수 있는 길은 없다는 것이 이 책의 주장이다.

---

1) Clark(2007) 참조. 영국에서 중산층의 하향계층 이동현상은 중산층의 상속재산 제약으로 다자녀들 가운데 상속에서 배제된 자식들의 하향이동을 통해 일어났다. 그럼 왜 중국과 영국 사이에 서로 다른 인구증가 패턴이 나타났을까? 이에 대한 클라크의 설명은 그렇게 분명하지 않다. 필자의 견해로는 일반계층의 생계를 지탱하는 데 중국의 정착 농경사회적 특징이 오히려 서구의 수렵중심의 사회보다 상대적으로 유리했기 때문에 중국의 일반계층의 출산율은 물론 전체 인구증가율이 영국에 비해 높았고 이로 인해 오히려 중국이 역설적으로 맬서스적 함정을 벗어나지 못한 것이 아닌가 생각한다. 어떤 경우든 인구증가 패턴의 차이를 가져온 원인을 규명하지 못한다면 이 가설은 결국 동어반복에 머물 수밖에 없을 것이다.

왜 우리는 항상 좋은 사람, 좋은 이웃만을 찾아 나서는가? 배우자를 선택함에 있어서도, 친구를 사귐에 있어서도, 이웃을 사귐에 있어서도, 이사를 감에 있어서도, 시장에서 단골 거래처를 정함에 있어서도 우리는 항상 아무렇게나 선택하지 않고 마음에 맞는 훌륭한 사람과 지역과 회사만을 선택한다. 아무나 평등하게 취급하지 않는다. 우리 모두는 자기 마음에 드는 이웃들을 찾아 세상 사람들을 차별하고 있는 것이다. 왜 일류학교를 선호하고 일류기업을 선호하고 일류지역을 선호할까? 모두 결국 훌륭한 이웃과 반려자들을 찾기 위함이다. 왜 그럴까? 이를 통해 인생의 성공 노하우를 서로 나누고 성공의 문화유전자를 공유하기 위함이다. 나보다 훌륭한 배우자를 두면 나도 가문도 발전하고 나보다 훌륭한 이웃과 벗과 동창을 두면 나도 발전할 수 있기 때문인 것이다. 흥하는 사람의 주위에는 항상 흥하는 이웃이 많고, 역으로 흥함이 없는 이웃의 주위에는 역시 흥함이 없는 사람들이 많다. 그래서 인생은 남을 따라 배움인 것이다. 그러나 이러한 인생은 무임승차이기도 하다. 태어나 부모한테 공짜로 키움을 받고, 형제자매로부터 공짜로 배우고, 사회로부터, 스승으로부터, 친구로부터, 역사의 선각자로부터 인생의 성공 노하우를 공짜로 배운다. 이 과정이 바로 문화유전자의 전파과정이다.

영국의 산업혁명은 영국에만 머물지 않았다. 영국의 발전 노하우는 독

일과 프랑스 등 대륙 국가들이 공짜로 훔쳤다. 미국은 그냥 훔치기만 한 것이 아니라 아예 통째로 영국을 옮겨놓고 선진화를 이뤘다. 서구의 선진화는 서구 다른 나라들이 영국에 무임승차하는 과정이었다. 그뿐이 아니다. 동양의 끝, 일본은 영국은 물론 독일을 무임승차해서 동양에서 제일 앞선 선진화를 이뤘다. 이제 영국의 시대가 가고 미국의 시대를 거쳐 G-20의 시대가 왔다고들 한다. 어떻게 이런 일이 생겼나? 발전은 성공 노하우의 무임승차과정이기 때문이다. 일본의 노하우를 한국을 포함한 아시아 용들이 무임승차하고, 이제 중국이 한국에 무임승차하고, 브라질과 인도가 한국과 중국에 무임승차하고 있다. 흥하는 이웃이 있어 나도 흥할 수 있는 것이다. 어떤 사람들은 선진국들이 후진국들을 착취한다 하지만 (물론 그런 역사가 있고 힘의 논리에 의해 그런 일이 또 벌어질 수 있지만) 그들의 성공 노하우를 무임승차함 없이 후진국들이 한 발짝이라도 더 도약할 수 있는 것일까? 놀라운 것은 후진국들을 착취한다고 온갖 수단을 동원하던 선발국들이 결국은 하나 둘 추월당하는데 그것도 바로 그 착취대상에 의해 추월당하는 일이 벌어진다. 영국 식민지였던 미국이 영국을 추월하고 일본에 핍박받은 한국이 아마 머지않아 일본을 추월하지 말란 법이 없고 한때 영국 등 열강에 침탈당했던 중국이 이제 G-2라고 큰 소리치고 조만간 인도가 종주국이었던 영국을 추월하지 말란 법이 없는 것이다. 인류 문명사에 한번 일류였다고 영원히 일류국가의 지위를 누린 예는 없다.

오늘날 삼성은 IT부문의 세계 최고의 강자로 등장했다. 삼성의 성공 노하우는 어디서 왔을까? 삼성의 성공 역사는 (다소의 과장이 되겠지만) 소니 등 일본전자산업계의 노하우를 무임승차하는 과정이었다. 10여 년 전만 해도 삼성은 소니의 뒤를 따라갔다. 그러나 이제 삼성은 소니를 뛰어넘어 세계 제일의 위치에 섰다. 그러나 어려운 시절은 이제부터일 것이다. 국내에서는 사회적으로 반(反)대기업 정서 때문에 어려울 뿐만 아니라 국내 모든 기업들은 물론 전 세계 내로라하는 기업들이 삼성의 경영 노하우를 무단복제하여 무임승차하고 있으니 일등을 지켜내기가 쉬운 일이 아니다. 이제 삼성은 전 세계 전자업계의 무임승차 대상이 된 것이다.

이 세상의 일류는 개인이든 기업이든 지역이든 국가든 문명이든 문화 유전자의 무단복제과정을 통해 언젠가는 그 자리를 무임승차자에게 내줄 수밖에 없는 것이 세상의 이치이다. 그러나 이 과정을 통해 흥하는 이웃의 노하우가 모두에게 전파되고 그래서 모두가 동반발전하는 것이 이 세상의 이치이다. 이것이 바로 이 책이 주장하는 자본주의 시장경제의 발전원리이다.

우리 모두는 그래서 인생의 무임승차자, 혹은 무단복제자이다. 그럼 우리가 무임승차 혹은 무단복제할 흥하는 이웃은 어디에서 나오는가? 선진국이라는 사회에는 흥하는 이웃들이 넘치는데 후진국이라는 사회에는 흥하는 이웃이 별로 없는 것이 현실이다. 무임승차를 하고 싶으나 무임승차할 대상이 없으니 너도 나도 사회도 더 높은 단계로 도약하기 어려운 것이 후진국의 현실이다. 흥하는 이웃은 그렇게 쉽게 어디에서나 넘쳐나는 것이 아님이 분명하다. 그렇지 않다면 흥하는 나라와 어려운 나라가 있을 리 없기 때문이다. 선진국으로 도약하기 위한 국가운영전략이란 결국 어떻게 해서 흥하는 이웃들이 넘쳐나게 할 것인가의 전략인 셈이다. 바로 이것이 선진국을 지향하는 모든 자본주의 시장경제체제가 풀어야 할 제일 중요한 과제라고 할 수 있다. 우리는 이 책에서 바로 이 문제에 대한 해답을 찾고자 하는 것이다.

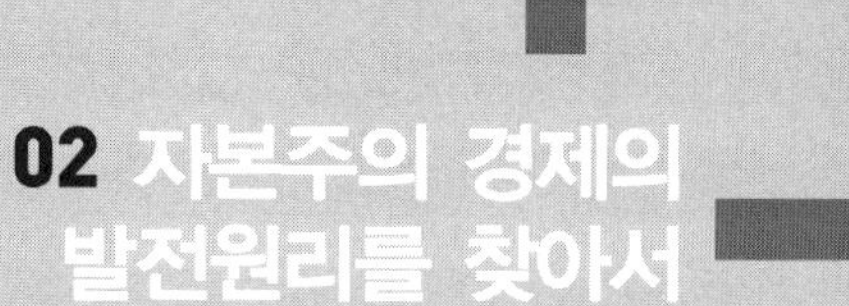

# 02 자본주의 경제의 발전원리를 찾아서

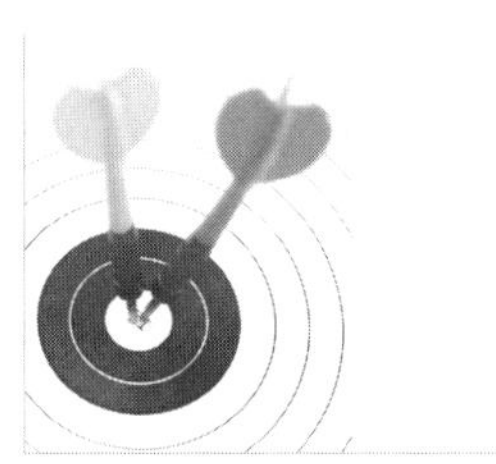

1848년 마르크스와 엥겔스의 공산당선언 이후, 지난 150여 년은 칼 마르크스의 시대였다. 흥하는 자가 약자를 착취한다는 그의 자본주의 모순관이 인류의 이념을 지배하고 있다. 반면에 우리의 신 자본주의관은 "흥하는 이웃이 많아야 나도 흥한다"고 주장한다. 자본주의 경제의 발전은 흥하는 이웃을 양산하는 과정이며 모두가 흥하는 자를 무임승차하여 '착취'함으로써 발전한다. 그래서 흥하는 이웃이 있어야만 나도 흥할 수 있는 것이다. 칼 마르크스의 자본주의 모순관은 세상의 발전이치를 거꾸로 본 것이다.

자본주의 경제의 지속가능한 발전은 흥하는 이웃을 양산하는 체제를 갖출 때라야만 가능해진다. 발전은 흥하는 이웃을 키우는 과정이다. 경제발전, 산업발전, 국토 및 지역발전을 이루는 일 그래서 지속가능한 선진부국이 되는 길, 모두 흥하는 이웃을 만들어내는 길로 통한다.

흥하는 이웃을 넘치게 하려면 흥하고 잘 되는 이웃을 존중할 줄 알아야 한다. 국가의 시책도 이에 맞게 흥하는 국민을 홀대해서는 안 된다. 모든 국민이 흥하는 길로 내달릴 수 있도록 길을 크게 열어야 한다.

# 1. 이념과 경제발전

**1) 좋은 이념, 민주주의 평등이념과 온정주의가 만들어낸 경제위기**

지난해 미국의 주택금융위기에서 촉발된 세계금융위기를 놓고 그 원인이 무엇이며 앞으로 어떻게 대처해 나가야 할 것인지, 나아가 전 세계의 경제운영 패러다임에 일대 전환이 필요한 것은 아닌지 등에 대한 너무나 다양한 견해들이 제시되고 있다. 이러한 논쟁에서 특히 주목을 끄는 것은 이번의 금융위기는 그동안 세계 경제운영의 중심적 패러다임이라고 받아들여져 온 "시장 우위" "작은 정부"로 상징되는, 하이에크에 의해 주창된 소위 신자유주의 이념하에서 추진해 온 규제완화정책 때문이라는 주장이다. 규제완화가 금융부문에서 과도하게 추진된 결과, 주택금융의 과다공급과 주택금융에 기초한 파생상품에 대한 규제실패를 가져옴으로써 작금의 금융위기를 초래했다는 것이다. 이러한 관점에서는 정부의 역할을 보다 강화하고 특히 금융부문에 대한 규제를 강화해야 하며, 위기에 대처함에 있어서도 정부재정지출 확대와 저금리 하의 적극적인 통화공급정책 등이 강조되고 있다. 재정지출의 증대를 통한 정부개입확대를 주장함으로써 소위 "큰 정부"로 상징되는 케인즈적 경제운영 패러다임의 부활이 필요하다고 주장하고 있는 것이다.

　한편 그동안 미국 주택금융위기의 원인에 대한 주류 견해는 주택시장의 버블이 그 원인인 것처럼 주장하고 있다. 그러나 필자의 판단으로는 "버블이론"은 일종의 동어반복이론으로 사태의 진행과정을 설명할 수는 있을지 모르나 그 근본원인을 규명하지는 못한다. 지나친 단순화의 위험이 있기는 하지만 버블이론이란 어느 날 어느 한 지역에서 누군가가 "앞으로 주택가격이 상승할 것이다"라고 소리를 지르자 여기저기서 나도 그렇게 생각한다는 사람들이 생기면서 온 나라가 결국 다 미친 듯이 주택가격이 상승할 것이라 소리 지르면서 집 사는 데 나섬으로써 주택가격이 과도하게 상승하고, 주택금융이 과도하게 공급되어 부실 금융을 초래하게 되었다는 것이다. 주택시장과 주택금융시장의 버블을 초래한 근본원인, 즉 왜 사람들이 주택가격이 계속 오르고 주택금융은 계속 공급될 것이라고 믿게 되었는가를 설명하지 못한다면 이 이론은 동어반복에 그치고 말게 된다. 물론 버블이론은 금융규제의 완화, FRB(미국중앙은행)의 저금리 정책, 글로벌 호황, 글로벌 불균형을 초래하는 중국의 대미무역흑자의 미국 주택금융시장 유입, 월스트리트의 탐욕 등이 버블을 초래한 원인이라고 하고 있지만, 이러한 것들마저도 실상은 어떤 더 근본적인 원인의 결과이지 그 자체로서 독립적인 원인이라고 할 수는 없다. 말하자면 화재가 발생했는데 화재가 인공발화인지, 그럼 방화범이 누구인지, 아니면 자연발화인지를 규명해야 하는데 이에 대한 규명 없이 화재를 키운 바람(규제완화, 금리인하 등)이나 화재현장에서 불장난을 하던 자(월스트리트 금융인들), 혹은 화재로 오히려 피해를 본 사람들(개인 주택거래자나 금융기관들)에게 화재에 책임이 있다고 책임지라고 하는 형국이 아닐 수 없다.

왜 미국 주택 및 주택금융시장 참여자들이 모두 한꺼번에 집단최면에 빠지게 되었는가? 진정한 방화범은 누구인가? 필자는 미국 민주주의의 오래된 평등이념인 "모든 국민의 자가 주택 보유"를 달성하기 위한 전략이 이 모든 버블의 진정한 원인이라고 본다.[2] 미국의 저소득층을 위한 다양한 주택정책의 목표는 '자가 주택 소유를 아메리칸 드림(American Dream)'이라고 간주하는 이념적인 토대 위에서 설정되었으며 대공황 이후 미국의 주택정책의 목표는 줄곧 '주택 소유'였다. 물론 시기별로 주거서비스를 제공하는 데 초점을 맞춘 공공임대주택 공급정책이 강조되기도 했고, 어느 때는 주택 소유를 보다 적극적으로 실현할 목적으로 정책이 강조되기도 했지만 주택정책의 기저에는 '주택 보유'라는 이념이 크게 자리를 잡고 있

---

2) 이러한 관점에서 본 주택금융위기의 원인에 대한 보다 상세한 분석과 논의에 대해서는 좌승희·황상연(2008, 2009)을 참조.

었다. 주택 소유는 정당의 성격을 초월하여 주택정책이 지향할 '최고의 목표'로 간주되고 홍보되었다.[3] 이처럼 미국의 주택정책, 특히 저소득층을 위한 주택정책은 자가 주택 보유라는 이념의 실현과정이었다.

이러한 이념적 토대 위에서 만들어진 주택금융제도는 공화당이나 민주당에 관계없이 가능한 한 저소득계층의 주택 보유를 장려하는 방향으로, 주택금융감독에 있어서도 강화보다는 완화하는 방향으로 나아가게 되었다. 특히 필자의 판단으로는 1993년 자가 주택 보유 확대를 정치적 슬로건으로 집권한 클린턴 정부가 낙후지역의 발전과 저소득층의 주택 보유 확대를 목적으로 하는 소위 지역재투자법(Community Reinvestment Act)을 1995년부터 개정·강화하면서부터 자가 주택 보유가 급속도로 늘고 주택시장의 버블이 쌓이기 시작했다. 주택금융제도, 금리정책, 파생상품제도 및 규제정책 등이 정치적 이념에 따라 주택금융을 보다 용이하게 하는 방향으로 전환되면서 주택금융시장 참가자들의 행동 또한 이에 부화뇌동하는 방향으로 바뀌게 된 것이다. 결국 방화의 주범은 모든 국민의 자가 주택 보유라는 미국 민주주의의 평등이념인 셈이다. 이 이념에 따라 미국의

---

3) 일례로 클린턴 시대의 저소득층을 위한 적극적인 주택 보유 정책에 이어 2001년 미국대선 당시 공화당의 부시는 주택 보유를 통한 주택문제 해결을 강조한 반면, 경쟁자였던 민주당의 케리는 공공임대주택 사업을 강조했다.

회와 대통령이 법을 만들고 이에 따라 중앙은행, 주택금융공사, 금융기관, 개인들이 움직인 결과가 바로 주택금융위기이다.

개인의 자가 주택 보유 여부는 궁극적으로 개인의 신용도에 따라 시장이 판단해야 하는 것이다. 그러나 정부가 이러한 시장의 기능을 존중하기보다는 의회, 정부, 중앙은행 등 금융감독당국들이 저소득층에 대한 주택대출 확대라는 목적에 지나치게 경도되어 금융의 건전성 감독을 소홀하게 하거나 완화하면서 과도한 주택금융대출이 초래된 것이다. 따라서 이는 정부의 실패 때문이지 시장의 실패라 하기는 어렵다. 시장이란 진공에 존재하는 것이 아니라 국가가 만들어내는 각종의 시장경기규칙(rules of the game)의 집합으로서 국가가 어떠한 법령으로 시장을 규율하느냐에 따라 그 효율성이나 성과가 달라지게 되는 것이다. 미국의 주택금융위기는 정부에 의해 도입된, 모든 국민들에게 자가 주택 보유를 용이하게 하기 위한 각종 잘못된 금융경기규칙이 가져온 결과로서 정부 실패라고 보아야 할 것이다. 미국 민주주의의 과도한 온정주의가 가져온 결과이다. 모두가 자가 주택을 보유해야만 한다는 좋은 이념이 결국 경제위기를 초래한 것이다.

## 2) 이념이 경제성과를 결정한다

제2차 세계대전 이후 세계 각국의 경제정책은 경제이론보다는 이념에 의해 주도되었다. 1953년 밀턴 프리드먼은 이제 이념적 차이보다는 오직 경제논리에 의해 경제정책이 주도되는 시대가 되었다고 선언했지만[4] 지난 50여 년은 문자 그대로 이념이 경제정책을 지배하는 시대였다. 제2차 세계대전 이후, 동서진영의 경제체제의 차이나 한국을 포함한 세계 각국의 좌·우파 정당 간 경제정책의 차이는 경제이론보다는 서로 다른 이념적 성향을 반영하는 것이었다. 위에서 살펴본 대로 오늘날 세계금융위기의 도화선이 된 주택금융위기도 "전 국민에 자가 주택을 공급해야 한다"는 민주주의 평등이념의 산물이다.

그런데 이념은 하나의 믿음으로서 세상을 보는 관점, 즉 세계관을 의미한다. 이러한 이념은 과학이나 학문의 출발점이 되기도 하지만 많은 경우 이상적인 세상에 대한 믿음의 표현으로 과학적 검증의 영역을 벗어난다. 모든 사람은 자기 나름대로의 이념을 가지고 산다. 그리고 이러한 개인들의 이념이 모여 조직이나 사회의 집단적인 이념이 된다. 특정 이념이 사회의 공통된 이념화되면 그 사회의 공통적인 가치나 문화로 정착되기도

---

4) Friedman(1953)을 참조.

한다.

이렇게 집단화되는 이념은 자체가 사회의 비공식적인 행동규칙화 되면서 일반 국민들의 경제사회활동에 제약으로 작용한다. 공동체의 일원으로서 사회가 원치 않은 행동을 지속하면서 같이 더불어 살 수는 없기 때문에 집단적 이념은 비공식적인 시장경기규칙의 역할을 하게 된다. 나아가 집단적 이념은 정치과정을 통해 실제 그 사회의 공식적 시장경기규칙인 헌법, 법률, 규칙 등으로 전환된다. 정당의 정강은 바로 그 정당의 이념의 표현이며, 국가의 이념은 헌법과 법률로 공식화된다고 할 수 있다.

이러한 이념은 많은 경우 경제논리를 압도한다. 때에 따라 경제논리마저 특정 이념을 정당화하기 위해 만들어진다. 따라서 한 사회의 이념이 잘못되면 그 사회의 공식·비공식적 시장경기규칙이 잘못되고 국민들의 경제적 행태도 잘못된 방향으로 왜곡되며 경제도 어려움을 겪게 된다. 잘못된 이념은 잘못된 생각과 잘못된 정책을 잉태하게 되며, 나아가 정치인, 정치지도자 혹은 국가지도자가 잘못된 이념을 가지게 되는 경우는 자신은 물론 남과 경제사회 전체를 잘못된 방향으로 이끌게 된다.

### 3) 좋은 이념보다 옳은 이념이 중요하다

그러면 옳은 이념과 그른 이념은 어떻게 판단할 수 있는가? 세계관으로서의 이념은 세상의 이치, 즉 세상의 변화원리에 대한 믿음으로서 과학의 영역을 벗어나는 이상의 표현이지만 결국 그 옳고 그름은 현실 세상과의 적합성 여부에 의해 판단할 수밖에 없을 것이다. 세상의 변화원리가 이러저러한데 반대로 저러이러한 이념을 가지고 있다면 그 이념은 틀린 이념이라 할 수 있는 것이다. 또한 좋은 이념이라 해서 옳은 이념이라 할 수도 없다.

사람들은 대게 좋고 아름다운 세상을 꿈꾼다. 그리고 이러한 꿈을 이념화하여 이를 실현하기 위한 정책들을 만들어낸다. 그러나 이러한 좋고 아름다운 이념이 현실의 세상이치와 안 맞으면 어떻게 될까? 현실 속의 수많은 대중들이 바로 희생양이 된다. 현실과 동떨어진 목표를 실현하기 위해, 즉 실현 불가능한 목표를 위해 헛수고를 해야 하는 것은 바로 일반 대중이며 이들이야말로 피해자가 된다. 예컨대 모든 사람이 경제적으로 동등하며 그렇게 되어야 한다고 하는 좋은 이념도 그것이 현실 적합성이 없다면 그른 이념일 수밖에 없는 것이다. 그래서 현실과 충돌하는 그른 이념은, 많은 보통 사람들을 불편하게 만드는 규칙과 정책을 만들어낼 가능성이 그만큼 많아지게 되는 것이다. 그래서 좋고 아름다운, 이상적인 이념보다

"옳은 이념"이 중요해진다. 따라서 세상의 이치, 즉 "진리"를 제대로 찾는 노력 없이 단순히 이상적인 꿈을 이념화하는 것은 대단히 위험하다.

결국 어떠한 이념, 세계관이든 복잡한 세상의 현실을 수용하지 못하면 그 이상이 아무리 좋다고 해도 결국은 그른 이념, 세계관으로 전락하게 된다. 그리고 모두를 불행하게 만드는 결과를 가져온다. 사회주의, 공산주의의 경제적 평등 이념이 한때 좋은 이념으로 보였지만 현실 적합성의 결여로 많은 사람을 불행하게 만든 것이 좋은 예가 될 것이다. 또한 21세기 민주주의가 앞으로 국민들을 위한다는 명분으로 아무리 좋은 경제적 이념을 내건다 하더라도 그 이념이 현실 경제의 이치를 수용하지 못한다면 결국은 진화의 경쟁에서 도태될지도 모를 일이다. 이러한 관점에서 보면 민주주의가 경제적으로 국민을 위해 할 수 있는 일과 할 수 없는 일의 한계를 찾아내는 일이 향후 민주주의의 존속과 번영을 위해 중요한 과제가 될 것이다.

## 2. 자본주의 모순관이 세계경제의 발목을 잡고 있다

**1) 우리는 칼 마르크스가 생각한 것보다 훨씬 더 복잡한 세상에 살고 있다**

20세기 공산주의 및 사회주의는 물론, 민주주의 사회를 통틀어 인류의 사상을 지배해 온 공통된 이념은 바로 평등의 이념이며 이 이념이 20세기 후반의 세계 경제정책을 주도했다고 해도 과언이 아니다. 그런데 이러한 평등 이념의 배후에는 바로 칼 마르크스의 세계관이 자리 잡고 있다. 그동안 정부의 경제운영 철학은 실업의 발생과 가난한 취약계층의 출현을 시장실패로 간주하는 마르크스적 세계관을 기초로 해서 형성되었다. 그렇기 때문에 무슨 희생을 치르더라도 정부가 실업을 해소하고 취약계층을 구제하기 위해 "시장에 개입해야 한다"는 것이 민주정치이념으로 자리 잡게 된 것이다.

칼 마르크스의 계급투쟁론과 자본가의 노동자착취이론은 자본주의사회의 작동원리를 보는 하나의 세계관이다. 칼 마르크스는 자본주의 사회란 자본가와 노동자 간의 계급투쟁의 장이며, 이는 전자가 후자를 착취하는 과정이라고 본다. 그는 자본주의 경제를 불평등이 지배하는 하나의 모순된 체제로 본 것이다.[5] 이러한 세계관은 두 가지의 서로 다른 대응전략을 낳았다. 우선은 이러한 자본주의의 작동원리가 불합리하다고 보고 이를 타파하는 것이 옳다는 입장이다. 이러한 입장은 자본가와 노동자 간의 불평등을 해소하기 위해 사회주의 및 공산주의를 지향하게 되었다.

한편 이와는 다르게 자본주의 체제가 칼 마르크스가 지적한 어두운 면을 가지고 있기는 하지만 그럼에도 불구하고 자본주의 체제 자체를 타파하기보다는 칼 마르크스가 지적한 불평등의 문제를 완화할 필요가 있다고 본다. 그래서 20세기 자본주의 경제의 변화는 바로 수정자본주의 혹은 혼합경제, 더 나아가서는 사회민주주의라는 정치경제체제의 진화·정착 과정이라고도 할 수 있다. 소득과 자원의 재분배장치를 통해 "착취"의 결과를 완화하여 민주사회의 평등 이념을 실현함으로써 정치적, 경제적, 사회적 안정을 도모할 수 있다는 생각이다.

여기서 주목해야 할 점은 어느 입장이든 대응 방법상의 차이가 있기는

---

5) 칼 마르크스는 프리드리히 엥겔스와 공동집필한 1848년 공산당선언에서 "지금까지 존재한 모든 사회의 역사는 계급투쟁의 역사"라고 선언하고 자본주의사회는 유산자(자본가)계급과 무산자(노동자)계급 간의 계급투쟁의 장이며, 전자가 후자를 착취한다고 선언했다. 그리고 변증법적 유물론에 의거하여 이러한 자본주의사회는 발달된 생산 및 교환 수단과 기존의 소유관계, 즉 생산력과 생산관계의 모순으로 인해 궁극적으로 몰락하게 된다고 주장했다. 그리고 그는 무산계급의 혁명을 통해 유산계급을 청산함으로써 계급이 없고 불평등이 없는 공산사회를 건설하기 위해 "전 세계 노동자들이 궐기"할 것을 역설했다. 그리고 마르크스는 1867년의 「자본론」에서 이러한 주장을 보다 과학적으로 전개했다. 잉여노동가치설로 자본가의 노동자 착취를, 자본주의 경제의 장기이윤율 저하의 법칙에 의해 자본주의 사회의 종언을 보다 체계적으로 설명하고자 시도했다.

하지만 궁극적으로 마르크스가 지적한 계급투쟁의 결과로 나타나는 강자의 약자에 대한, 선발자의 후발자에 대한 착취라는 자본주의경제의 모순관을 모두 다 수용하고 있다는 점이다. 따라서 20세기 자본주의체제에 대한 인류의 공통된 세계관은 마르크스의 세계관과 크게 다르지 않다고 해도 과언이 아니다.

그럼 마르크스의 자본주의관은 옳은 것인가? 그래서 자본주의는 이미 마르크스 본인이 분석한 대로 종국적으로 소멸될 수밖에 없는 것인가? 우선은 인류가 250만 년도 더 되는 세월 동안 자본주의적 시장경제의 분업과 전문화 원리에 기초한 교환경제시대, 즉 수렵과 채집의 시대를 멸망하지 않고 생존해 왔을 뿐만 아니라 지금도 번영하고 있다는 사실 그 자체가 바로 마르크스적 자본주의관이 잘못되었음을 웅변하고 있는 것이다. 더구나 흥미롭게도 최근의 새로운 과학관에 의하면 만일 마르크스의 주장처럼 호혜적 만남이 없는 계급투쟁과 착취가 자본주의의 진정한 모습이라면 이 체제는 결코 존속할 수 없다는 사실이 밝혀지고 있다. 이는 다시 말해 마르크스는 모순된 체제로서 존속할 수 없는 자본주의라는 허상을 그려놓고, 이를 대체하기 위한 공산주의라는 또 다른 허상을 그리고 있음을 시사하는 것이다.

오늘날, 세상이 우리가 그동안 생각했던 것보다 훨씬 더 복잡하다고 보는 복잡계(complexity) 과학관이 빠르게 퍼져 나가고 있다. 부분이 합쳐져 부분과는 다른 새로운 질서를 만들어가는 복잡한 세상은 부분만을 보면 전체를 알 수 있다는 기존의 환원주의(reductionism)로는 설명될 수 없다는 것이다. 이 세상 만물은 서로 다른 개체끼리 만나 힘을 보태어 훨씬 더 큰 힘, 즉 시너지를 창출함으로써 부분과는 다른 보다 더 높은 차원의 새로운 질서를 창출해 나간다. 서로 다른 무기물이 만나 유기물이 되고 서로 다른 유기물이 만나 세포가 되고 서로 다른 세포들이 만나 생명을 창출하는 생명현상의 오묘함도 결국은 서로 간의 만남과 시너지의 창출을 통해 이루어진 셈이다. 더 좋은 짝을 만나기 위한 경쟁은 있지만 결과적으로 더 좋은 이웃을 만나지 않고 더 높은 질서인 생명을 창출해 낼 수는 없는 것이다.

자본주의사회나 시장경제의 작동원리 또한 이와 다르지 않다. 경제사회발전이란 더 좋은 짝을 만나 더 큰 힘을 창출함으로써 보다 더 높은 차원의 질서를 창출하는 과정이다. 마차를 타던 경제가 자전거를, 자동차를, 기차를, 비행기를, 우주선을 타는 사회로 발돋움해 나가는 과정이야말로 개인들이 힘을 합쳐 강한 조직을 만들어내고 보다 훌륭한 개인들과 조직들이 힘을 합쳐 시너지를 창출함으로써만 가능해진다는 것이다. 그래서 자본주의 경제는 계급투쟁이나 착취가 아니라 협력을 통한 시너지

창출과정을 통해 변화·발전해 나간다는 것이다. 여기서 나의 발전을 가속화시키는 길은 위해서는 나보다 훌륭한 이웃을 두어야 한다는 명제가 도출된다.

그래서 이 세상의 변화는 선발자가 후발자를 착취해서가 아니라 후발자가 선발자를 무임승차하여 베낌으로써 동반성장하게 된다. 즉 우리 모두는 일상에서 남의 노하우를 모방하고 베낌으로써 발전하게 되는 것이다. 기업이나 국가 간에 있어서도 후발자가 선발자의 경영이나 발전의 노하우를 무임승차함으로써 도약을 만들어간다. 앞선 선각자, 그것이 선진국이든, 중진국이든, 일류기업이든, 자본가이든, 혁신가이든, 부모든, 선생이든, 선배든, 더 나은 동료든, 더 나은 후배이든, 이들을 청산함으로써가 아니라 이들을 역할 모델로서 이웃으로 두고 "착취"함으로써 발전을 도모할 수 있다.[6]

이러한 관점에서 보면 칼 마르크스의 자본주의관은 복잡한 세상의 이치를 뒤집어놓은 것이나 다름없다. 더 좋은 이웃이 없이 모두가 같고 평

---

[6] "후발자의 무임승차" 현상은 경제학에서는 시장실패의 원인으로 그 치유가 쉽지 않다. 무임승차로 "착취"당하는 선발자들은 장기적으로 항상 불리한 위치에 처하게 되기 때문에 시장에서 영원한 승자로 남아 있기 어렵다. 그래서 한 번 일등이고 선진국이라고 해서 영원히 일등을 하고 앞서가기는 어려운 것이 현실이다. 이 문제가 장기화되면 경제가 장기정체에 빠질 위험이 있다. 이 문제에 대한 보다 상세한 논의와 해법에 대해서는 본장 4절의 "신 자본주의 경제발전관"을 참조하기 바란다.

등한 사회는 시너지를 창출할 수가 없어 영원한 휴식을 벗어날 수 없다. 같은 세포끼리의 만남은 세포덩어리를 만들어낼 뿐이지 생명을 창출하지는 못한다는 것이 복잡계의 원리이다. 공산주의, 사회주의의 말로는 이미 정해진 길이었다.

이 세상은 어두운 면도 있어 보이지만 궁극적으로 서로 배우고 도움으로써 살길을 찾는, 그래서 무엇이든 만들어낼 수 있는 변화무쌍한 복잡한 세상이다. 훌륭한 이웃을 만들기 위해 노력하는 사회는 흥하고 역으로 흥하는 이웃을 청산하려는 사회는 필히 몰락할 수밖에 없다는 것이 새로운 과학관의 시사점이다. 이제 인류는 마르크스의 세계관에서 벗어날 때가 되었다고 생각한다. 한국사회는 더더욱 그렇다고 생각한다. 우리는 칼 마르크스가 생각한 것보다 훨씬 더 복잡한 세상에 살고 있는 것이다.

### 2) 케인지안 세계관도 대안이 되기는 어렵다

케인지안 세계관이 또다시 최근 새로운 대안으로 떠오르고 있다. 그러나 케인지안세계관은 바로 수정자본주의, 혹은 혼합경제라는 자본주의와 사회주의 체제의 혼합을 시도하는 좋은 이념이긴 하지만 틀린 마르크스적 세계관을 그 바탕에 깔고 있기 때문에 현실적합성에서 근본적인 문제점을 가지고 있다. 정부의 개입을 통해 마르크스적 착취과정에서 발생하는 불평등이라는 모순을 완화하겠다는 좋은 뜻을 가지고 있지만 결과적으로는 사회주의가 가져오는 현실과의 괴리 문제와 마찬가지로 어떻게 자본주의 시장경제체제를 지키면서 평등을 실현할 것이냐 하는 문제에 봉착하게 되는 것이다.

사실상 작금의 주택금융위기마저도 의식(衣食)문제를 해결한 중진국 이상 혹은 선진국에서 대두되는 주(住)문제를 해결하려는 과도한 민주주의 평등이념이 초래했음을 상기한다면 케인지안 세계관은 사실상 항상 국가능력 이상의 것을 요구하는 국민들의 요구에 부응해야 하는 정치적 포퓰리즘으로 흐를 가능성을 안게 되는 것이다. 작금의 세계경제위기에 대한 대응에 있어서도 이러한 경향을 충분히 읽을 수 있으며 머지않아 이에 대한 비용을 크게 치를 가능성을 배제할 수 없을 것이다. 민주주의가 국민들에게 해줄 수 있는 일의 한계를 분명히 설정하지 못하는 한 케인지안 세계관은 평등주의에 경도된 포퓰리즘, 나아가 사회민주주의나 사회주의로 흐를 가능성이 높다. 결국 시장경제라는 현실과의 끝없는 충돌을 어떻게 관리할 것이냐가 관건이며, 이에 성공하지 못한다면 또 다른 위기는 재발할 수밖에 없을 것이다. 그래서 케인지안 세계관이 자본주의 시장경제의 지속가능한 발전을 담보하기는 어려워 보인다.

## 3. 신고전파 주류경제학과 신자유주의의
### "니르바나(열반, 涅槃)세계관"도 대안이 되기는 어렵다

작금의 금융위기에 대해 신자유주의 세계관이 가장 큰 책임이 있는 것처럼 논의되고 있지만, 필자는 신자유주의는 케인지안 온정주의를 실현하려는 미국 민주주의의 수단 역할을 했을 뿐이라는 생각을 지울 수 없다. 전 국민의 자가 주택 보유를 추구하는 민주주의 이념이 신자유주의 이념이라 할 수는 없는 것이며, 단지 미국 정치권과 학계가 이 목적을 달성하기 위해 신자유주의 이념을 내걸고 지나친 금융자율화를 정당화했다고 보는 것이 타당하다고 생각한다. 이렇게 보면 신자유주의는 케인지안 혹은 민주주의의 온정주의 때문에 엉뚱한 피해를 입은 셈이라 할 수 있다.

그렇다면 신자유주의가 여전히 우리의 대안인가? 나아가 하이에크의 자생적 질서와 크게 다르지 않은 완전경쟁모형으로 대변되는 신고전파 주류 경제학의 세계관은 어떠한가?

필자는 이 두 세계관은 한마디로 완전한 시장에 많은 것을 맡기면 이상적인 결과를 가져온다는 것으로, 이는 마치 소위 부처님의 열반(涅槃)의 세계와 같은 완전한 세상에서는 항상 모든 일이 잘된다고 얘기하는 것과 다르지 않기 때문에 이를 '니르바나(열반) 세계관'이라 부를 수 있다고 본다. 완전한 시장, 자생적 질서에서는 시장의 자동조절기능에 의해 자원배분이 최적화되기 때문에 정부도 조직(기업)도 필요 없는 세상이 된다. 이는 발전이 다 이루어진 최상의 경제, 즉 열반의 경제를 상정하는 것과 같으며, 그래서 현실 시장과는 크게 괴리된 시장인 셈이다. 이 세상에서는 옳은 이념인지 그른 이념인지의 문제는 생기지도 않으며 이를 고민할 필요도 없다. 모두가 어느 이념이 옳은지 다 알기 때문이다.

여기서 신자유주의 이념을 신고전파 주류경제학과 같이 니르바나 이념으로 취급한 데 대해 신자유주의의 입장에서는 대단히 불공평하다고 느낄 것이다. 그러나 신자유주의 이념의 경우 하이에크의 자생적 질서로서의 시장의 한계가 충분히 인지되지 못하고 있다. 자생적 질서인 시장은 현실적으로 항상 불완전하다. 그러나 신자유주의는 발견과정으로서의 시장의 능력은 절대 신뢰하지만 정부라는 조직, 더 나아가서는 심지어 민간조직의 역할은 과소평가하는 경향이 강하다. 불완전한 시장을 보완하는 조직의 기능이 인정되지 않고 있는 셈이다. 시장이 모든 문제의 해결사인 셈이다. 이런 점에서 신자유주의의 시장관은 결국 신고전파 완전경쟁모형의 니르바나 이념과 크게 다르지 않다고 보는 것이다.[7]

현실 시장은 항상 불완전하고 거래비용을 피할 길이 없어 조직의 힘 없이 시장만의 힘으로는 발전을 만들어낼 수는 없다는 것이 후술하는 신 자본주의 경제발전관이다. 왜 인류는 지난 250만 년의 수렵과 채집 시대, 즉 교환경제시대를 살았는데도 단지 지난 200여 년을 제외하고는 경제발전이라 부를 수 있는 도약을 만들어내지 못했는가? 249만 9,800년 동안 자생적 질서, 시장의 힘은 다 어디에 갔는가? 오늘날 지구상에는 200개가 넘는 독립경제가 있으나 그중 겨우 1/4만이 먹고사는 문제를 해결하는 현실을 어떻게 설명할 것인가? 오늘날 북한 말고 시장경제를 하지 않는 경제가 지구상에 있는가? 자생적 질서, 시장의 힘은 다 어디에 갔는가?

---

7) 경제학에서 조직은 수직적 명령관계를 기초로 하는 자원배분장치이지만 시장은 수평적 자발적 계약관계를 기초로 하는 자원배분장치이다. 주류 경제학에서 '조직'은 '시장'의 대체적인 개념이다. 그래서 조직이 등장하지 않는 이론은 시장의 완전성을 가정하고 있는 것과 같다. 따라서 조직의 중요성을 인정하고 있느냐의 여부는 그 이론이 시장의 완전성, 절대성을 얼마나 높게 평가하고 있느냐와 직결된다. 신고전파 완전경쟁모형에는 기업(조직)이론이 없다. 하이에크는 세상의 질서를 자생적 질서와 인위적 질서로 나누는데 시장은 자생적 질서로 조직(기업이나 정부)은 인위적 명령질서로 보며, 인위적 질서는 본질적으로 자유와 충돌할 수밖에 없기 때문에 자생적 질서인 시장의 중요성을 특히 강조하고 있다. 이러한 하이에크의 입장에 대해서는 두 가지의 비판이 가능하다. 첫째는 조직의 중요성이 인정되지 않는다는 점에서 그의 이론은 논리적으로 완전경쟁모형과 같이 시장의 완전성을 가정하고 있는 셈이다. 둘째는 조직을 인위적 질서라 하지만 최근의 복잡계 과학은 복잡계의 '자기조직화(self-organization)' 성향을 강조하고 있는데 이런 관점에서 보면 인간의 만남, 조직의 형성 등도 복잡한 경제의 자생적인 자기조직화과정으로 이해할 수 있다. 기업을 인위적 질서라고만 하기는 어렵다는 것이다. 기업은 인간의 자기조직화 성향이 만들어낸 자생적 결과이다. 시장도 기업도 자생적 질서라 할 수 있는 것이다. 어쨌든 신고전파 이론이나 신자유주의 모두 조직의 역할을 경시함으로써 시장의 완전성을 수용하고 있는 셈이다. 이런 관점에서 보면 공산주의, 사회주의 계획경제는 시장은 없고 조직만 있는 체제이다. 시장을 완전히 불신하는 반면 조직만을 신뢰하고 있는 셈이다. 후술하는 우리의 新 자본주의 발전관은 시장과 조직은 대체 관계가 아니라 보완관계로서 항상 서로를 필요로 하고 같이 존재한다고 본다.

# 4. 新 자본주의 경제발전관 [8] : "흥하는 이웃이 있어야 나도 흥한다"

### 1) 경제는 복잡계이며 모든 변화의 전형인 창발현상은 시너지효과의 결과이다

자본주의 시장경제는 복잡계이다. 복잡계란 부분의 합이 각 부분과는 전혀 다른 새로운 차원의 질서를 만들어내는 우주 안의 모든 열린 시스템을 말한다. 이러한 새로운 질서를 만들어내는 현상을 일컬어 창발현상(emergent behavior)이라 한다. 인간은 성인의 경우 체구가 작은 경우에서 큰 경우까지 대략 60조 내지 100조의 세포로 구성되어 있다고 한다. 그런데 세포가 모였으면 세포덩어리라야지 왜 인간이라는 생명현상, 생각하고, 말하고, 사랑하고, 자식을 낳는 고차원의 새 질서가 만들어졌는가? 바로 세포가 모여 세포덩어리가 아닌 생명현상을 만들어내는 과정을 창발현상이라 하는 것이다. 그래서 인간의 생명현상을 복잡계의 전형이라 하는 것이다. 한편 자연의 물리현상에서도 창발현상은 쉽게 관찰된다. 조그만 나비의 날갯짓이 또 다른 나비의 파장을 만나 더 큰 파장으로 증폭되

---

8) 이하의 논의에 대해서는 좌승희(2006, 2008)를 참조.

고 이 과정이 되풀이되면서 종국에는 폭풍우나 토네이도로 변화되는 현상인 "나비효과"가 나타나는데, 이 또한 부분의 합이 부분과는 전혀 다른 새로운 질서를 만들어낸 셈이다. 나비효과 또한 복잡계의 전형인 창발현상인 것이다.

그럼 이러한 창발현상은 어디에서 오는가? 창발현상은 시너지효과에서 온다고 한다. 시너지는 열린 시스템끼리 서로 만나 주고받는 에너지를 일컫는 말이다. 서로 다른 세포가 만나 서로 시너지효과를 창출하고 또 다른 세포와 만나 더 큰 시너지효과를 내고…. 서로 다른 나비의 파장이 만나 시너지효과를 내고 또 다른 파장을 만나 더 큰 파장을 만들어내고…. 부분이 만났을 때 서로 간에 창출되는 더 큰 힘을 일컬어 시너지효과라 하는 것이다. 여기서 시너지효과란 일종의 증폭효과를 의미하는데 비선형성을 특징으로 한다. 이는 '1+1=2'가 아닌 100, 10,000, 혹은 그 이상도 될 수 있다는 의미이다. 바로 이 힘, 즉 비선형적 상호작용(만남)을 통해 창출되는 힘이 창발현상을 만들어내는 원천인 것이다. 여기서 비선형적 상호작용이란 서로 상이한 개체끼리 만남을 의미한다. 동일한 개체끼리 만남은 선형적 만남으로 시너지를 창출할 수 없다. 동일한 세포는 200조 개가 만난다 해도 생명현상의 창발은 고사하고 그냥 세포덩어리일 뿐이다.

　자본주의 시장경제의 변화와 발전현상도 바로 전형적인 복잡계 현상이다. 경제주체들이 서로 간에 만나 서로 시너지를 창출함으로써 더 큰 경제적 힘을 만들어내며 또 다른 주체들을 만나 더 큰 힘을 만들어내고, 이러한 힘들이 증폭되어 변화와 발전을 이끌게 되는 것이다. 경제발전이란 이러한 과정을 통해 고차원의 새로운 질서를 창출해 내는 창발현상이라 할 수 있다. 즉 발전은 60~100조의 세포덩어리가 생명현상으로 전환되는 과정과 다르지 않은 것이다. 후진국이 선진국으로 도약하는 과정, 저개발 지역이 현대식 산업도시로 전환되고 나아가 첨단 서비스도시로 전환되는 과정이 바로 생명현상이 창출되는 창발현상과 다르지 않으며 이 과정을 이끄는 원천이 바로 시너지효과라는 것이다. 그래서 모든 발전(국민경제와 지역사회 발전은 물론 기업과 가문과 개인의 발전 등)은 만남과 소통, 그리고 시너지의 공유에서 출발한다. 다른 개체와의 만남과 소통이 없고 새로운 변화를 거부하는 닫힌 시스템은 궁극적으로 무질서(엔트로피)가 극대화되어 소멸될 수밖에 없다.

## 2) 복잡계의 변화와 발전은 진화법칙을 따른다

### 다름, 차이를 허용하지 않는 평등사회에는 영원한 휴식이 있을 뿐이다

복잡계의 창발은 서로 상이한 개체끼리의 비선형적 상호작용을 통해 만들어진다. 동일한 개체끼리의 만남, 즉 선형적 상호작용은 창발할 수 없다고 했다. 그래서 다름, 차이를 허용하지 않는 시스템은 변화와 발전을 만들어낼 수 없다.

복잡계의 창발현상은 초기의 아주 조그만 새로운 변화가 또 다른 조그만 변화를 만나 더 큰 변화로 증폭되는 과정이다. 이러한 증폭과정은 진화법칙을 따른다. 진화는 서로 다른 개체들 중에서 적자(適者)의 수가 증폭되는 과정을 거쳐 변화를 만들어낸다. 특정한 개체가 무리와는 다른 변화(진화 용어로, 변이) 혹은 차이를 만들어낼 때 이를 따라 복제하는 개체의 수가 늘어나면서 변화의 증폭현상이 생기고 기존의 무리는 새로운 행태의 무리로 바뀌게 된다. 모든 진화는 서로 다름을 만들어내고 이를 따라 선택하고 복제하고, 증폭되는 과정을 밟게 된다.

따라서 복잡계의 변화과정은 서로 다름, 차이, 차별, 차등을 만들어가는 과정이다. 이를 통해 변화가 만들어진다. 역으로 평등과 균형 속에서 변화는 만들어지지 않으며 영원한 휴식과 죽음이 있을 뿐이다. 선택하고 차별화함으로써 증폭과정을 통해 변화가 만들어진다. 변화하는 열린 시스템은 결코 평등과 균형과는 같이 갈 수 없는 것이다.

### 3) 시장은 진화의 장으로서 스스로 돕는 자를 돕는 차별화의 장이다

#### 그래서 시장은 발전을 만들어내지만 차등도 만들어낸다

시장은 우수한 경제주체를 선택하고 그에 경제적 자원을 집중시켜 그런 우수한 경제주체들의 등장을 증폭시킴으로써 경제 변화를 주도한다. 이러한 시장의 기능을 차별화 기능이라고 한다. 경제는 바로 이러한 시장의 차별화 기능을 통해 진화한다. 결국 시장은 스스로 돕는 자만을 돕는 하느님과 같다. 그래서 시장경제의 진화과정은 결과적으로 우수한 경제주체에게 더 많은 경제적 자원을 집중시킴으로써 경제적 불평등을 만들어낸다. 부자가 더 부자가 되는 과정은 경제의 일상적 현상이다. 따라서 변화를 주도하는 혁신적 주체나 지역에 경제력의 집적과 거점이 형성되는 것이 바로 경제의 진화과정이다. 경제력의 집중과 집적이 강화되지 않고 발전을 도모하기는 어려운 것이다. 이런 의미에서 발전은 대단히 불균형적 현상이다. 경제에서 모든 부분이 같아지는 균형은 변화의 정지와 영원한 휴식을 의미한다. 발전과정에서 관찰되는 이러한 집적과 집중현상은 발전의 부작용이나 칼 마르크스가 생각하듯이 모순이 아니라 발전의 자연스러운 현상이다. 따라서 이러한 현상을 차단하면 발전도 차단된다는 것을 의미한다.

시장은 스스로 돕는 자를 돕는 차별화 기능을 통해 우수한 경제주체들을 뽑아내어 시너지의 원천인 무임승차대상으로 키워낼 뿐만 아니라 모두가 이들을 따라 배우게 유도하여 스스로 돕는 자로 탈바꿈시키는 동기부여장치 역할을 한다. 시장은 동반성장의 바탕을 만들어내는 것이다. 이렇게 해서 경제의 발전은 다 같아지지는 않지만 모두 발전하는 동반성장을 가져온다. 불균형(거점)의 재생산을 통한 균형(여러 거점 간의 팽팽한 균형)이 정상이지 모두 같아지는 평등과 균형은 죽음과 영원한 휴식을 의미한다.

### 4) 복잡계 경제의 동반발전 원리 : "흥하는 이웃이 있어야 나도 흥한다"

복잡계 경제의 새로운 변화과정은 서로 만남을 통해 시너지를 창출하고 서로 향유하는 과정이다. 따라서 이웃과의 만남이 중요하며 남에 대한 배려 또한 경쟁 못지않게 중요하다. 이러한 복잡계 경제발전원리로부터 (상식적이지만) 대단히 중요한 명제를 이끌어낼 수 있다. 바로 "수양산 그늘이 강동 팔십 리에 뻗친다"는 옛말로 표현되는 "흥하는 이웃이 있어야 나도 흥한다"는 명제이다.[9] 보다 많은 수양산이 이웃에서 있어 인생성공과 발전의 노하우를 강동 팔십 리에 퍼트려, 온 세상 사람들이 이를 배움으

---

9) "수양산음 강동팔십리(首陽山陰 江東八十里)"는 집안이나 지역사회에 훌륭한 사람이 있음으로 해서 그 이웃들이 혜택을 보게 된다는 옛말이다. 본문에서는 수양산을 흥하는 이웃의 대명사로 쓰고 있다.

로써 시너지를 향유할 수 있을 때 복잡계의 동반성장이 가능해진다는 것이다. 이러한 원리에 따라 수양산을 보다 많이 만들어내는 사회는 그렇지 않은 사회에 비해 보다 빠른 발전을 이루어낼 수 있는 것이다.

인생은 앞선 자를 무임승차해서 나를 키워나가는 과정이다. 내가 지금보다 더 나아지는 길은 밖으로부터 더 나은 지식과 노하우를 습득하는 길밖에 없다. 내가 더 나은 남을 만나 배우지 않고 더 나아질 길은 없다. 태어나 부모로부터 배우고 형제로부터 배우고 사회의 선배와 후배로부터 배우고 스승으로부터 배우고 나보다 더 나은 배우자를 만나 서로 배우면서 나를 키워가는 과정이다. 인생만 그런 것이 아니다. 기업은 어떤가? 중소기업이나 창업기업은 성공한 대기업을, 대기업은 세계 일류기업의 경영노하우를 벤치마킹하고, 후진국은 중진국의, 중진국은 선진국의 발전노하우를 벤치마킹하며 자신들의 발전을 만들어간다. 중소기업과 조립대기업은 서로가 없으면 존립할 수 없으며 기업생태계는 소멸하게 된다. 자본가와 근로자는 서로 시너지를 공유함으로써 기업을 만들어내고 경쟁력을 창출하며 서로의 만남이 없으면 기업은 만들어지지 않는다. 자본가 없이는 근로자도 없고 근로자 없이는 자본가도 없다. 지역과 지역, 도시와 농촌은 서로 시너지의 공유를 통해 동반 발전한다. 이 세상은 나와 다른, 보다 나은 상대를 만나 시너지를 나눔으로써 너와 나를 키우고, 서로를 키워나가는 동반발전의 과정이다. 그래서 발전하는 세상은 "흥하는 이웃이 있어야 나도 흥한다"는 원리에서 벗어날 수 없다. 그러나 이러한 과정의 대부분은 후발자의 선발자에 대한 무임승차과정이다. 모두가 노하우의 대가를 다 지불하지 않는다.

### 5) 수양산 같은 흥하는 이웃은 많이 생기지 않는다

**시장은 실패하며 발전은 일상적인 현상이 아니다**

**그래서 기업과 정부도 중요하다**

논리적으로 시장은 스스로 돕는 자를 우대하여 차별화함으로써 흥하는 수양산을 키워 동반성장을 만들어낼 수 있지만 현실 시장에서는 수양산이 그렇게 쉽게 등장하지 않으며, 그래서 모든 경제가 다 발전하지도 못한다. 왜 그럴까?

동반성장은 후발자가 선발자를 학습하여 베낌으로써 가능해진다. 그러나 인생의 성공 노하우를 베끼는 것은 항상 무임승차를 통해 이루어진다. 시장이란 당사자 간의 합의에 의한 거래관계를 기초로 하는 자원배분장치이다. 따라서 현실의 시장에서 거래가 성립되기 위해서는 거래당사자가 거래조건에 합의를 해야 하기 때문에 거래조건에 대한 협상이 필요해지면 이러한 협상과정에는 시간과 노력, 심지어 현금 등의 비용이 수반되며 이를 일컬어 거래비용이라 한다. 거래조건에 대한 합의가 어려워지면 그만큼 더 많은 거래비용을 지불해야 하며 심한 경우 아예 거래가 성립되지 않아 해당 재화나 서비스는 시장에서 사라질 수도 있다.

　노하우나 시너지의 교환은 그에 수반되는 높은 거래비용 때문에 시장 거래가 형성되지 못하는 경우이다. 노하우가 무엇인지, 혹은 시너지가 무엇인지 그 값이 얼마이어야 하는지를 결정하는 시장제도를 만들어내기가 어렵기 때문에 노하우와 시너지는 항상 공기처럼 자유재로 남게 되며 모두가 무임승차를 할 뿐 대가를 충분히 지불하지 않기 때문에 결국 시장에 충분히 공급되지 못한다는 말이다. 여기서 무임승차당하는 훌륭한 수양산들은 그들이 뿌리는 노하우나 시너지의 대가를 충분히 받지 못하여 항상 손해를 보기 때문에 세월이 가면 점차 시장에서 사라질 수밖에 없게 되는 것이다. 그래서 시장은 실패하게 되고 발전은 아무나 쉽게 일궈내지 못하게 된다. 복잡한 현실 세상에서는 마르크스의 세계관과는 정반대의 일이 벌어지게 되는 것이다. 앞선 자가 후발자에 의해 "착취당해" 시장에서 사라지게 되는 것이다. 그래서 일류가 항상 일류로 남아 있고 일등이 항상 일등으로 남아 있기는 어려운 것이다. 선발자는 결국 후발자에, 후발자는 또 다른 후발자에 추월당하는 것이 일반적 현상이다.[10]

　여기서 노하우 시장, 시너지 시장을 내부화하여 시장의 실패를 치유함으로써 수양산의 성장을 도와주는 기업과 정부의 역할이 중요해지는 것이다.

　우선 조직으로서 기업은 수직적 명령체계를 바탕으로 해서 모든 내부 거래를 협상이 아닌 명령에 의해 수행할 수 있기 때문에 온갖 시장흥정(협상) 때문에 발생하는 거래비용을 생략할 수 있다는 특징이 있다.[11] 기업은 시너지나 노하우를 창출하는 거래 당사자들을 모두 조직원으로 흡수하여 협상에 수반되는 시장거래를 기업의 내부거래로 바꾸어냄으로써 시장에서는 사라질 수밖에 없는 시너지를 조직 내에서 살려낼 수 있다. 따라서 수양산을 키워내는 일을 시장보다 더 잘할 수 있다. 기업조직은 그래서 시장의 대체 장치가 아니라 보완 장치이다.

　그러나 기업도 또 하나의 경제주체로서 무임승차의 대상이 된다. 성공하는 기업의 경영 노하우 또한 시장의 실패로 인해 자유재로 시장에 노출되기 일쑤다. 후발자들의 무임승차와 착취의 대상이 되고 종국적으로는 후발자에게 추월당하는 것이 운명이다. 영원한 일등기업으로 남아 있기

---

10) 이러한 이유 때문에 세계문명사에서도 한 번 앞섰다고 영원히 앞서 간 문명은 없고, 선진부국이 되었다고 영원한 주도국가가 된 적이 없다. 일류기업이라고 영원한 일등으로 남아 있기는 어려운 것이다. 어쩌면 일류가 일류로 계속 남아 있기란 불가능한 일일지도 모른다.

11) 기업(조직)과 시장의 차이에 대한 논의는 주 5)를 참조.

란 어려운 일이다.[12] 그래서 세계일류 성공기업들은 저절로 쉽게 생겨나지 않는다. 여기서 또 다른 조직으로서 시장실패를 교정할 수 있는 정부의 역할이 중요해진다. 정부는 조직의 하나로서 개인과 기업들이 수양산으로 커 나가도록 제도적으로 도와줌으로써 국가경제발전에 기여할 수 있다. 정부는 개인이든 기업이든 흥하는 이웃들이 홀대받지 않도록, 그래서 더 많은 흥하는 이웃들이 생겨나도록 국가의 제도를 만들어내야 발전에 기여할 수 있다.

결국은 시장도 그러하지만 기업과 정부도 스스로 돕는 자, 즉 흥하는 이웃을 일류답게 대접하는 차별화원리를 실천함으로써 흥하는 이웃을 키워내어 시장실패를 교정하고 발전을 만들어낼 수 있다. 세상은 시장과 기업, 그리고 정부를 모두 필요로 한다. 그동안 경제운영 패러다임으로서 시장이 중요하냐, 정부가 중요하냐 하는 논쟁은 잘못된 세계관에 기초한 것이다. 조직으로서 기업과 정부가 없는 현실 시장은 없는 것이다. 시장과 조직(기업과 정부)은 서로 대체적인 관계가 아니라 상호보완적인 장치이다.

---

12) 기업생태계는 영원한 일류들을 허용하지 않는 것으로 보인다. 대한민국 재벌 생태계의 부침도 그렇고 세계 500대 기업들의 부침도 그렇다. 최근 소니를 추월한 삼성은 얼마나 오래 일등자리를 지킬 수 있을지 모를 일이다.

# 5. 시장기능을 강화하는 차별화가 발전의 전제조건이다

복잡한 이 세상의 발전을 위해서는 시장도 중요하고 기업도 중요하고 정부도 중요하다. 이들의 발전과정에서의 역할은 결국 스스로 돕는 자를 돕는 차별화원리의 실천이다. 다른 것을 다르다 하고 다른 만큼 다르게 대접하는 차별화원리의 실천이 바로 복잡한 경제의 변화원리이며 이 원리를 제대로 실천하는 경제와 리더십만이 발전을 만들어낼 수 있다. 차등만이 발전의 싹을 틔울 수 있다. 그리고 발전은 반드시 차등을 수반한다. 항상 흥하는 이웃을 두어야 나도 발전할 수 있는 것이다. 역으로 평등은 정체의 길이다. 모두의 평등은 모두 망하는 평등을 만들어낸다.

어떠한 정치적 이념도 이러한 복잡한 세상의 현실을 수용하지 못하면 그 이상이 아무리 좋다고 해도 결국은 그른 이념으로 전락하게 된다. 그리고 모두를 불행하게 만드는 결과를 가져온다. 향후 민주주의의 이념 또한 이러한 원리에 역행하지 않는 방향으로 정립되어야 지나친 온정주의, 포퓰리즘으로 인한 또 다른 경제위기의 재발을 방지할 수 있을 것이다. 이러한 현실 인식에서 민주주의가 국민을 위해 할 수 있는 일과 할 수 없는 일의 한계를 찾아내는 것도 중요한 일이다.

　그동안 세계 각국 정부의 경제운영 철학은 실업의 발생과 가난한 취약 계층의 출현을 자본주의 시장경제의 모순으로 간주하는 마르크스적 세계관을 기초로 해서 형성되었다. 그렇기 때문에 무슨 희생을 치르더라도 실업을 해소하고 취약계층을 구제하기 위해 "시장에 개입해서 교정해야 한다"는 것이 정부의 역할로 자리잡게 된 것이다. 복잡계 과학은 이러한 세계관과 이념이 잘못되었음을 시사한다. 정부가 실업자와 취약계층을 구제해야 할 필요가 있지만 이 현상을 모순이나 시장실패라고 보지는 않는 것이다. 따라서 시장의 원리에 역행하는 일을 통해 이 일을 수행하기 보다는 시장의 기능을 더 강화함으로써 더 효율적으로 할 수 있다고 보는 것이다.

　시장의 기능이란 무엇인가? 시장은 모든 주체를 다 평등하게 취급함으로써 모두에게 고용을 보장하는 것이 아니라 열심히 하는 주체와 그렇지 않은 주체를 차별화함으로써 모두를 보다 열심히 하게 하는 동기부여 장치이다. 이를 통해 고용도 창출하지만 실업도 만들어낸다. 따라서 정부의 역할이란 시장과 마찬가지로 차별화원리를 실천함으로써 모든 국민들을 동기부여를 통해 일으켜 세우는 데 있다. 성공하는 사람을 역차별해서도 안되며 역으로 취약계층을 도움에 있어서도 취약해서만이 아니라 어려움 속에서도 열심히 노력하는 자에게 더 유리하게 지원해야 도덕적 해이를 방지할 수 있는 것이다. 결국은 정부가 차별화원리에 충실하는 것만이 20세기 실패한 복지문제를 해소하고 발전의 역동성을 살려내는 길이 될 것이다.

# 03 산업발전과 시장신호에 따라 흥하는 기업을 앞세워야 성공할 수 있다

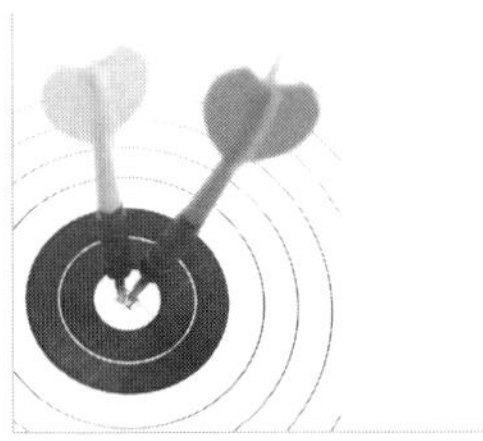

산업을 발전시킨다는 것은 흥하는 기업을 더 많이 만들어낸다는 것을 의미한다. 산업의 성장은 기업이 만들어내기 때문이다. 국가경제의 성장도 다르지 않다. 흥하는 기업이 양산되지 않고 산업이 일어나고 경제가 성장할 방법은 없다.

따라서 정부의 산업정책이 할 일은 흥하는 기업을 우대하고 이들을 앞세우는 것이다. 그래서 다른 모든 기업들에게 동기를 부여하여 발전의 대열에 동참시킬 수 있어야 한다. 새로 일으키는 산업은 우리나라 기업이 참여해서 그것도 세계시장에서 경쟁력을 확보할 때라야 우리 산업이 될 수 있다. 그렇기 때문에 아무 기업이나 참여해서 되는 것이 아니다. 대한민국 최고의 기업이 해도 성공이 보장되지 않는다. 정치적 이유나 이념적 이유로 기업을 선택하고 지원해서는 안 된다. 엄격하게 경제적 성과를 기반으로 "경쟁력 있는" 기업만을 지원해야 한다.

그렇다면 어떤 기업이 경쟁력 있는 기업인가? 공무원들이나 학자들의 책상머리에서는 나오지 않는다. 시장은 이미 알고 있다. 시장에서 부상하는 기업이 가장 확실한 후보 기업이다. 시장에서 검증된 성공하는 기업을돕는 것이 산업정책의 성공확률을 높인다. 시장을 무시하면 실패한다. 시장의 결과를 존중하고 시장과 마찬가지로 성공하는 기업을 우대하는 차별화 전략을 써야 성공할 수 있다.

# 1. 산업육성정책에 대한 찬반 논쟁과 대안

정부가 각종 지원과 보호정책을 통해 인위적으로 산업을 일으키려는 산업육성정책은 경제학 교과서에서는 별로 인기 없는 정책에 속한다. 그러나 실제로는 많은 후진국들, 심지어는 선진국들에서도 그 성공사례가 그리 흔치 않음에도 여전히 인기 있는 정책이다. 그래서 산업육성정책을 둘러싼 찬반논쟁은 계속 이어지고 있다. 첫 번째 논쟁점은 정부가 승자를 사전에 선택할 수 있느냐 하는 것이다. 이에 대해 다수 의견은 정부가 사전에 승자를 선택하면 성공가능성이 낮으며 시장이 승자를 선택하는 것이 옳다는 것이다. 정부는 시장보다 승자를 알지 못하며 시장을 이길 수 없다고 본다. 그래서 시장주의자들은 산업정책을 반대한다.

그러나 우리의 신 자본주의 경제발전관은 시장은 승자를 선택하기는 하지만 발전을 담보할 만큼 충분한 보상을 하지 못하기 때문에, 발전을 일으키기에는 역부족이며, 이것이 아직도 많은 후진국들이 선진국으로 도약하지 못하는 이유라고 했다. 그래서 정부의 역할이 새삼 강조되었다. 경제발전을 위한 정부의 새로운 역할은 시장에 의해 승자로 선택받았지만 아직도 역량이 모자라는 승자들의 역량을 보강하여 일류가 되도록 지원하는 것으로, 뒤뚱거리는 선수를 밀어주고(넛지, nudge) 더 역량 있게 키워내는 시장친화적 개입을 하는 것이다.[13] 따라서 승자는 시장원리에 따라 선택되지만 정부는 시장이 선택한 승자를 더 육성하는 전략을 통해 실패가능성을 최소화하면서도 도약의 가능성을 높여야 한다. 정부가 시장의 차별화 기능을 대체하는 것이 아니라 그 기능을 더 보완 강화함으로써 성공가능성을 높일 수 있다. 흥하는 이웃을 차별적으로 키워내야 더 많은 흥하는 이웃을 만들어낼 수 있다.

산업육성정책의 두 번째 논쟁점은 산업(industry), 기업(firm), 기능(function) 중 무엇을 대상으로 지원할 것인가 하는 문제이다. 전통적인 산업정책론에서 목표로 하는 지원대상은 산업으로 미리 상정되기 때문에, 일반적으로 산업정책을 특정산업육성정책이라고 부른다. 그러나 산업은 경제학적인 의미에서 기업의 집합일 뿐 정부의 특정 인센티브 제도에 반응하는 경제주체라 할 수 없고, 나아가 산업 전체에 대한 지원은 정부라는 조직의 정치적 속성상 항상 획일적이고 평등주의적인 1/n 지원정책으로 흐를 위험이 있다. 한편 산업육성정책의 첫 번째 논쟁점인 정부의 승자선택 문제를 피한다고 해서 특정산업이 아니라 일반적 기능을 지원대상으로

---

해야 한다는 기능적 접근이 주장되기도 한다. 그러나 이는 지원대상 주체가 불명하여 차별화정책을 쓸 수가 없기 때문에 해당 기능을 수행하는 모든 기업을 성과에 따른 차별 없이 지원하는 1/n 지원정책으로 전락하게 될 우려가 높다. 특정산업 지원에서 기능에 대한 지원으로 전환했던 한국의 1980년대 이후 산업정책에서 이러한 문제점이 여실히 드러났다. 우리의 관점에 의하면 기업만이 정부의 인센티브에 반응하는 경제주체로서 시장과 정부의 차별화 대상이 될 수 있다고 본다. 따라서 올바른 지원대상은 산업도 기능도 아닌 "기업"이며, "특정산업 내 특정기업 육성정책"이 산업정책의 올바른 방향이다.

산업육성정책의 세 번째 논쟁점은 "어떤 방식으로 지원할 것이냐" 하는 문제이다. 시장은 "승자를 선택하고 승자에게 보다 많은 자원을 집적시키는 장치"이기 때문에, 정부의 육성정책은 시장이 선택한 승자로서의 기업을 더 우대하는 차별화 방식으로 추진되어야 도약을 가속화시킬 수 있다. 정부는 시장을 통해 부상하는, 스스로 도와 성공하는 기업을 더 우대함으로써 동기부여를 통해 발전의 역동성을 창출해 낼 수 있다.

결국 신 자본주의 경제발전관에 의하면 정부가 시장을 통해 능력을 검증받은 기업을 선택하여 차별적으로 지원하는 것이 소위 산업정책의 성공가능성을 높이는 길이 된다. 또한 정부는 차별화 전략의 일환으로 매 시장기(市場期)마다 시장성과에 따라 기업을 재선택함으로써 동기부여의 역동성을 유지하고 기업 간 경쟁을 유도해야 한다. 더욱이 선택결과에 대한 기업들의 승복을 이끌어내기 위해 기업선택을 위한 평가의 기준과 방법은 경기규칙으로서 최대한 공정하고 투명해야 하며 어떠한 경우에도 정부의 사전결정이 아닌 시장결과의 신호에 절대적인 신뢰를 두는 것이 중요하다.

## 2. 우리나라 산업정책의 성공과 실패 사례 분석

### 1) 성공 사례

앞에서 제시한 원칙에 근거해서 보면 우리나라의 산업정책 중 성공경험은 다음과 같다. 첫째, 1960~70년대 수출산업 육성전략이다. 정부는 수출을 많이 한 기업을 차별적으로 지원하고 우량기업이 수출실적 부진기업을 인수·합병 하도록 유도했다. 중소기업 육성의 경우도 정부는 수출 우량 중소기업은 차별적으로 지원하고 불량기업은 우량기업에 인수·합병시켜 도태를 유도했다. 정부는 새마을공장의 수출기업화 과정에서도 우량공장만 차별적으로 지원했다.

둘째, 1970년대 중화학공업 육성전략이다. 정부는 막대한 투자자금의 상당부분을 기업이 직접 조달하도록 함으로써 결과적으로 수출경쟁에서 성공하여 자금을 확보한 경쟁력 있는 기업들에게만 중화학공업으로 진출하길 허용하고 매칭펀드로 지원했다. 형평차원에서 수출지원에서 배제된 기업이나 중소기업들의 참여와 지원을 보장하는 일은 없었다. 더욱이 특정지역 기업이라고 참여와 지원을 보장하는 일도 없었다.

셋째, 1980년대 전자·정보·통신 산업 육성전략이다. 1980년대 들어 정부는 대기업규제정책을 강화하는 과정에서도 강한 대기업들(삼성, 현대, LG, 맥슨, SK, KT 등)이 해당 산업으로 진출하는 것을 허용함으로써 성공가능성을 높였다. 당시 사회분위기로는 중소기업 우대가 정치적 도덕적으로도 명분 있는 일이었다.

넷째, 1990년대 영화산업육성이다. 영화산업이 중소기업 고유업종에서 해제되고 경쟁력 있는 대자본의 진출이 허용됨으로써 고위험부담이 가능해졌다. 영화산업에 대한 규제완화로 제작, 배급, 상영의 통합겸영이 가능해짐으로써 범위의 경제실현이 가능했으며, 스크린 쿼터의 점진적 완화로 국내 산업에 경쟁적 환경을 조성했다. 특히 1990년대 중반 이후 대기업들의 경쟁적 진입 속에서 삼성, 대우, 현대, 동양 등이 탈락하고 CJ만이 성공

함으로써 영화산업은 대기업이라고 누구나 다 성공하는 것이 아님을 보여
준 주요한 사례가 되었다.

다섯째, 1970년대 초 시작된 새마을운동이다. 새마을운동은 처음부터 '신
상필벌(信賞必罰)'이라는 엄격한 성과위주의 인센티브 구조하에 추진되었다.
성과가 있는 마을에 더 많은 지원과 격려가 따랐고 성과가 없거나 부진한 마
을은 지원 대상에서 제외시켰다. 이러한 엄격한 차별화 전략으로 모든 마을
이 동기부여되어, 4년 만에 농촌의 가구당 평균 소득이 도시와 같아졌고 7년
의 짧은 기간 동안 34,000개 마을 중 98%가 성공적인 자립마을이 되었다.


### 2) 실패 사례

여느 정책과 마찬가지로 산업육성정책도 정부가 잘못하면 예산낭비를
초래하거나 노력에 비해 성과를 거의 거두지 못하는 결과를 초래한다. 한
국의 산업육성정책의 대표적인 실패사례로는 첫째, 1960~70년대 영화산
업 육성정이다. 영화산업을 중소기업 고유업종으로 규제함으로써 영화제
작 기업이 영세화되어 고위험부담이 어려웠다. 그리고 제작과 배급 및 상
영의 사업영역을 분리함으로써 상영업자(영화관)가 수요독점을 통해 제작
업의 성장을 제약하여 제작업의 영세화가 촉진됨과 동시에 산업 내 범위
의 경제 실현이 불가능했다. 외화수입권 배분을 통해 성과우수기업 우대

정책을 채택했으나 성과기준이 최종적인 수익이나 예술성이 아니라 편수에 치우쳐, 반공영화의 양산 등 양적으로는 증가했으나 질적 도약은 어려웠다.

둘째, 김대중 정부의 벤처산업 육성정책이다. 김대중 정부는 벤처부문을 대기업부문에 대항할 수 있는 산업균형세력으로 인식하는 경제민주화이념에 입각한 정치적 접근을 했다. 개발연대의 산업정책을 모방하려 했으나 산업정책의 가장 중요한 성공요인인 차별화원리, 즉 "성과가 우량한 기업을 우대한다"는 원칙이 경제민주화라는 반차별의 정치적 논리 속에서 실종되었다. 벤처를 지정하는 과정에서 각종 평가를 했지만 벤처기업인의 학력, 경력평가에 그쳐 진정한 사업역량을 평가할 수 없었고, 가장 잘못된 것은 벤처지정 이후의 성과에 따른 지원과 탈락 장치가 부재하여, 한번 벤처는 영원한 벤처가 되어 도덕적 해이와 지대추구행태가 만연했다.

셋째, 노무현 정부의 10대 동력산업 육성정책이다. 10대 동력산업이란 한국의 최고 기업이 해도 성공할까 말까 한 "성공가능성이 극히 낮은" 산업임에도 이를 마치 좋은 사업이니 서로 하나씩 평등하게 나누어 하면 좋다는 식으로 정치적으로 접근했다. 노력에 비해 성과는 미흡했다.

### 3) 성공과 실패 요인 분석

산업육성정책의 핵심적인 성공요인은 "차별화원리"에 따라 능력이 인정된 경쟁력 있는 기업의 참여를 통해 성공가능성을 높인 것이다. 시장은 항상 미약하더라도 시장차별화의 결과에 대한 정보를 전달하므로 정부가 기업을 선택하고 지원함에 있어 시장을 신뢰하면서 시장의 성과를 기초로 하여 차별화를 해야 한다. 성공한 산업육성정책은 발전의 자연스러운 과정인 성과 높은 강한 기업의 대기업으로의 성장과 그에 따른 소위 기업생태계의 불균형과 경제력집중을 허용하는 것이었다. 또한 지속적인 평가를 통해 성과에 따른 차등지원과 탈락의 시장경쟁원리를 적용함으로써 진입제한에 따른 도덕적 해이, 지대추구, 독점화 등의 부작용을 최소화했다.

반면 실패한 산업육성정책의 원인은 정부가 정치적 혹은 이념적 고려에 의해 시장정보(시장성과)를 무시하고 승자를 사전적으로 선택하여 "성과에 따른 차별적 지원"이라는 차별화원리를 무시한 것이다. 중소기업우대정책(영화산업육성정책, 벤처육성정책)으로 추진하거나 "좋은 산업이기 때문에 형평의 논리에 따라 여러 기업들에게 나누어 줌"으로써(10대 동력산업), 차별화원리에 역행하게 되어 우량한 기업에 대한 선택과 집중이 어려워졌다. 사업성과평가에 따른 신상필벌의 메커니즘이 실종됨으로써 도덕적 해이와 지대추구행태가 만연했거나(벤처육성정책), 기업의 성과평가기준이 불합리하여 유인구조상의 왜곡을 발생(영화산업 실패)시켰다.


## 3. MB 新 성장전략의 성공조건


이명박 정부는 저탄소 녹색성장, 4대강 살리기 사업, 5+2 광역경제권 선도산업 육성사업, 6대 분야 21개 신성장동력 육성, IT KOREA 5대 미래 전략 등 각종 산업육성정책을 발표했다. 정부의 이러한 각종 산업육성정책은 개발연대의 정부주도 산업정책시대를 연상케 하고 있으며, 이를 통틀어 "MB 新 성장전략"이라 부를 수 있다. 예를 들어 녹색기술과 청정에너지 관련 산업들은 유치산업(infant industry)단계에 있기 때문에 녹색성장 전략은 결국 산업정책적 성격을 가질 수밖에 없다.

산업을 육성함에 있어서는 R&D 투자, 인프라 확충 등 정부가 해야 할 역할이 많지만, 현재 MB정부가 추진하는 신성장산업육성은 이러한 정부 역할을 넘어 전통적인 정부주도 산업정책을 추진하는 것과 다르지 않으나, 이 점이 충분히 인식되지 못하고 있는 것으로 판단된다. 정부는 "MB 新 성장전략"이 과거 수출산업육성정책이나 중화학공업육성정책과 마찬

가지로 국가의 전략적 산업정책임을 인식할 필요가 있다.

그러나 한국은 1980년대 이후 개발연대의 성공한 산업정책을 청산하는 것이 선진화의 길이라고 생각해 왔으며 주류 경제학 또한 반(反)산업정책적 입장을 견지해 왔다. 따라서 "MB 新 성장전략"이 산업정책적 의미가 간과된 채로 지금과 같이 추진된다면 과거 김대중 정부에서 추진되었으나 크게 성과를 거두지 못한 벤처산업 육성이나 노무현 정부에서 실패한 10대 신 성장동력 산업육성이나 균형발전을 위한 지역특화산업육성과 같은 결과를 초래할 우려가 있다.

본 절에서는 신 자본주의 발전관에 기초한 새로운 산업정책관과 과거 성공한 산업정책의 경험을 바탕으로 "MB 新 성장전략"의 성공을 위한 산업정책전략을 제시하고자 한다.


### 1) 성공하는 경제주체를 우대하는 경제적 차별화원리에 근거한 "관치 차별화"가 필요하다

육성하고자 하는 산업 전체를 우대하는 정책은 산업 내 모든 기업을 균등하게 지원하는 평등주의 정책으로 흘러 결국 실효성 없는 정책이 될 위험이 있기 때문에, 기업에 대한 차별적 지원정책이 필요하다. 관치 차별화는 시장의 기능을 보완하는 것으로 정부의 개입 목적은 평등주의의 실현이 아니라 시장의 차별화 기능의 보완 또는 강화이어야 하므로 시장의 정보를 최대한 활용하여 기업을 차별적으로 선택해야 한다.

### 2) 발전친화적인 인센티브 구조의 정착이 필요하다

성과가 뛰어난 기업일수록 더 많은 인센티브를 받을 수 있도록 하는 것이 필요하며, 누진적 차등은 아닐지라도 최소한 비례적 차등은 필요하다.

### 3) 시장 검증을 통해 성과를 인정받은 기업을 선택·지원하는 사후 승자확인 방식의 시장신호 중시 정책을 추진해야 한다

시장의 신호를 중시하는 정책이어야 정경유착, 지대추구, 도덕적 해이 등 "정부에 의한 승자선택"이 갖는 각종 부작용을 최소화할 수 있다.

### 4) 정책의 목표에 부응하는 특정 성과지표를 기준으로 기업을 선택하고 탈락시키며, 차등지원해야 한다

지원대상의 선정 기준이 정책목표에 맞는지를 투명하고 쉽게 확인 가능하도록 만들어 모두가 경쟁의 결과에 승복할 수 있어야 한다. 예를 들어 수출 진흥의 경우 수출금액, 새마을운동의 경우 마을 공동사업 성과 등이다. 또한 지원 대상 기업에 대한 재평가와 재선택 과정이 매년 혹은 매 분기 등, 매 시장 기간마다 실시되어 경쟁을 통한 잔류, 탈락과 신규 진입이 반복적으로 시행되어야 지대추구, 도덕적 해이 등을 최소화할 수 있다.

### 5) 지원대상은 특정 산업에만 한정해서는 안 되며 목표에 부합하는 모든 기업에 문호가 열려 있어야 한다

모든 산업과 기업을 지원 대상으로 함으로써 경쟁효과를 극대화하여 특정 산업의 독점화를 막고 기업에 대한 재평가과정을 통해 기업의 독점화를 막을 수 있다.

### 6) 지원정책의 전 과정이 투명하고 공정하게 공식적인 제도로 정착되어야 한다

자의적인 승부조작과 같은 일이 없어야 모든 참여주체들이 승복하고 따르며 정부정책의 신뢰성을 제고시킬 수 있으며 경쟁을 촉진시킬 수 있다. 정경유착이나 특혜에 의한 지원은 철저히 배제되어야 한다.

## 4. 녹색성장산업 육성, 차별화해야 성공한다

녹색성장 관련 산업은 유치산업으로서 정부의 전략적 육성전략이 필요하다. 따라서 앞에서 제시된 산업정책의 성공조건에 입각하여 다음과 같은 정책방안을 제시할 수 있다.

(1) 중복사업을 예방하고 체계적이고 장기적인 사업 추진과 부처별 이기주의를 방지하기 위해서는 녹색성장정책을 총괄할 수 있는 컨트롤타워가 필요하다.

(2) 지원 사업 및 기업의 선정 기준을 제시하고 공개적이고 투명한 경쟁을 거쳐 사업 및 기업을 선택해야 한다.

(3) 녹색성장산업은 위험부담이 많고 성공가능성이 담보되지 않는 산업이다. 대한민국 일류기업들이 참여해도 성공이 보장되지 않는다. 기존의 시장성과나 현재의 자본·기술력 등을 고려하여 경쟁력 있는 기업들이 참여하고 끌고 갈 수 있도록 지원제도를 차별화해야 한다. 좋은 산업

이라고 누구나 지원하고 참여해서 성공하는 것이 아니다.

(4) 지원 사업이나 기업들에 대해 매년 성과평가를 하고 그 결과에 따라 세제혜택 및 보조금 지원, 부지 제공, 금융적 지원 등을 차별화해야 하며, 비효율적이고 성과 없는 사업이나 기업은 지원에서 배제시켜야 한다.

(5) 가칭 "그린 콘테스트"를 매년 실시하여 그린 성장에 기여한 일류 성과의 기업, 지자체, 개인, 공무원 등을 선정 표창하여 그린 성장분위기를 고조 및 유지해 나갈 필요가 있다. 일류를 일류로 대접하는 정부만이 일류를 만들어낼 수 있다.

## 5. 4대강사업, 지역사업화해야 탈 정치화되고 추진력이 배가 된다

지금 MB정부는 4대강사업의 추진과 관련하여 정치적으로 어려움에 처해 있다. 대통령이 대운하가 아니라고 몇 번을 얘기해도 야당은 이를 대운하라고 반대하고 있고, 4대강 중 정비가 제일 필요한 호남에서는 빨리

해야 한다고 하지만 호남을 뿌리로 둔 야당은 계속 반대하고 있다. 이것은 마치 대통령이 시골 마을의 개울을 보수하여 깨끗한 물이 흐르게 해서 동네를 살기 좋게 만들어 준다는데, 시골 부모들은 환영인데 서울 간 아들은 대통령이 싫다고 반대하는 꼴이다. 4대강사업이 대운하에서 시작됐기 때문에 이런 문제가 생기기도 하겠지만 근본적인 원인은 이것이 MB 프로젝트로 인식되기 때문에 과도하게 정치화된 것이다. 사실상 4대강사업은 지역발전 프로젝트로서 각 해당 시도가 나서서 주도해야 마땅한 사업임에도 중앙이 주도하니 지방은 일종의 무임승차자로서 도덕적 해이에 빠져 이러쿵저러쿵 반대하고 있는 것이다. 그래서 이 사업은 앞으로 지역사업으로 전환하여 지방의 참여와 책임을 높이는 것이 사리에 맞고 또한 그렇게 함으로써 사업을 탈 정치화시킬 수 있고, 추진동력을 확보할 수 있다고 생각한다.

4대강을 강별로 분리하여 해당 지자체에게 주요 책임을 지우거나 여러 지자체에 걸친 경우는 광역사업이나 초 광역사업으로 관련 지자체 간의 협의회를 통해 수행하도록 하되 기초생활권사업과 연계하여 지천에 대한 정비사업을 같이 수행하도록 할 수 있을 것이다. 여기서 중앙정부는 예산의 배정과 전체적인 조정기능을 수행하되 각 사업의 진행을 철저히 모니터해서 그 성과를 평가하고 지원을 차등화해야 한다. 지역의 참여와 열의가 높고 성과가 좋은 지역에는 차등해서 더 지원하고 만일 반대해서 지지 부진한 경우는 아예 사업을 취소할 수 있는 길을 열어놓음으로써 지역 간의 경쟁을 유도해야 한다. MB사업이 아니라 내 사업이 되어야 서울 간 아들을 설득하고 이웃마을도 설득할 열의가 생길 수 있는 것이다. 이렇게 함으로써 과거 신상필벌의 원칙하에 추진된 새마을운동이 획기적인 성과를 낸 것과 같이 사업의 추진동력을 확보할 수 있을 것이며, 지역발전을 위한 자조정신 함양에도 기여하리라 생각한다.

이 과정에서 지역에 따라서는 운하를 하겠다는 지역도 나올 수 있는데 이런 경우라 하더라도 막을 것이 아니라 지원할 필요가 있을 것이다. 요점은 운하 여부에 대한 판단마저도 중앙정부가 아니라 해당 지자체들이 지역사업으로 구상하도록 가능성을 열어놓을 필요가 있다는 점이다. 해당 강과 더불어 사는 주민들이 그 강을 어떻게 할지 결정하고 그 책임도 지도록 함으로써 불필요한 정치논쟁을 피하고 사업의 추진동력도 확보할 수 있을 것이다. 이렇게 하는 것이 다음 장에서 주장하는 분권자치정신에도 부합되리라 생각한다.

# 6. 몇 가지 보완조치

정부의 지원정책들이 WTO 규칙이나 기타 국제통상규칙과 상충하는지 여부를 사전 검토할 필요가 있다. 경쟁력 있는 기업을 앞세우는 차별 화 원리에 반대하는 논리에 대해서는 "좋은 산업이라고 아무나 해서 우리 산업이 될 수 있는 것이 아니라 국제경쟁력을 가진 기업이 해도 성공여부를 장담할 수 없다"는 점과 "아무나 도와준다고 다 성공할 수 있는 것이 아니라"는 현실 경제인식의 필요성을 강조해야 한다. 또한 정부는 경쟁력 있는 강자를 우대하는 전략적 산업발전정책과 약자를 우대하는 사회정책을 구분할 줄 알아야 발전가능성을 높일 수 있다. 특히 녹색성장산업 등 관련 산업의 수출 시장 확보를 위한 노력이 필요하다. 현재 중국이 친환경 산업의 수출시장으로 부각되고 있으나 우리나라의 시장개척 노력은 아직 미미하다는 평가를 받고 있다.

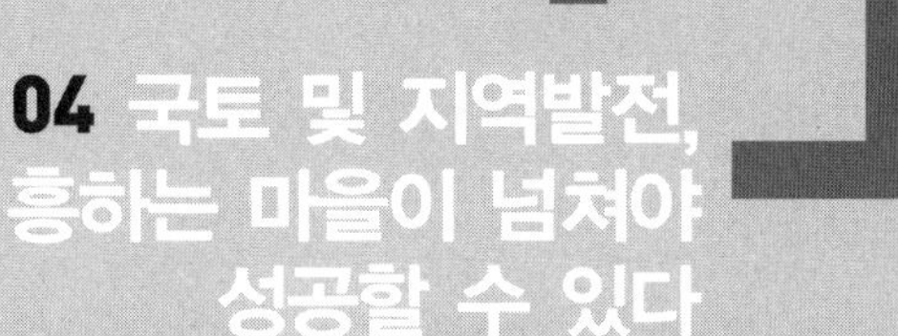

04 국토 및 지역발전,
흥하는 마을이 넘쳐야
성공할 수 있다

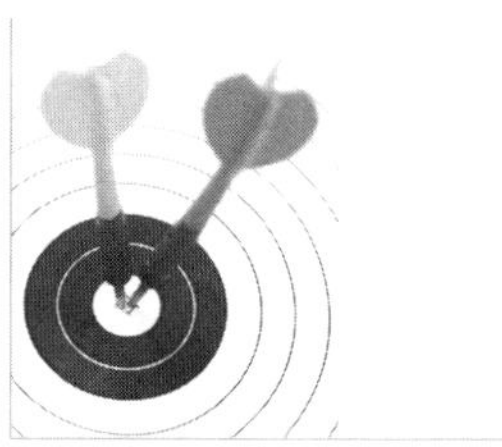

# 1. "집적균형"이 지역발전의 길이다

흥하는 지역을 더 많이 창출하는 것이 지역발전의 길이다. 그래서 불균형발전이 지역발전의 자연스러운 과정이다. 모든 지역을 균형발전시키려 하면 도약은 이루어지지 않는다. 인위적인 균형발전은 불가피하게 흥하는 지역을 역차별하는 자원의 재분배와 후발지역의 도덕적 해이를 수반할 수밖에 없다. 그래서 결과적으로 모든 지역의 하향평준화를 벗어날 길이 없다. 흥하는 지역거점 도시가 앞서가고 적하(滴下)효과(trickle-down effect) 및 일출(溢出)효과(spill-over effect)를 통해 주변지역과의 시너지 창출을 주도해야 동반성장이 가능하다. 흥하는 지역이 주변에 넘치지 않고 내 지역이 발전할 수 있는 길은 없다.

**1) 지옥의 문은 선의로 포장되어 있다[14] : 좋은 이념이라는 '균형발전'이 수도권공화국과 한국경제성장정체의 원인이다**

지난 30여 년간 대한민국은 수도권은 규제하고 동시에 지방에 대한 지원은 강화하여 국가를 균형되게 발전시킨다는 소위 지역균형발전정책을 추진해 왔으나 오늘날 수도권의 인구와 경제는 분산은 고사하고 더 집중되고 지방은 더 피폐해져 인구와 경제의 거의 50%가 수도권에 집중된 서울(수도권)공화국이라는 역설적인 결과를 만들어내었다. 지난 30여 년간의 수도권규제에도 불구하고 2008년 주민등록인구 기준 수도권 인구 비중은 전국 대비 48.8%, 2008년 기준 수도권 GRDP는 전국 대비 48.3% 수준으로 확대되었다.

그럼 왜 이런 역설적인 결과가 초래되었는가? 말로만 균형발전을 내걸고 실제 아무런 구체적인 대책을 강구하지 않아서 그런 것인가? 1982년 수도권정비계획법이 도입된 이래 수도권규제는 지속되어 왔고 지난 참여정부나 열린우리당은 그 이전 어느 정부보다도 더 강력한 수도권규제와

---

14) 18세기 영국 작가이자 철학자인 사무엘 존스(Samuel Johns)는 좋은 뜻으로 한 일이지만 결과가 엉뚱하게 나오는 경우를 일컬어 "The gate to the hell is paved with good intention"이라는 말로 표현했다. 오늘날의 관점에서 보면 사회주의 실험의 실패나 측은지심으로 남을 돕는 일이 오히려 남을 실패하게 만드는 경우 등이 그 예에 속할 것이다. 균형발전도 좋은 이념이긴 하지만 잘못된 결과를 수반할 수밖에 없다는 의미에서 같은 예가 될 수 있다.

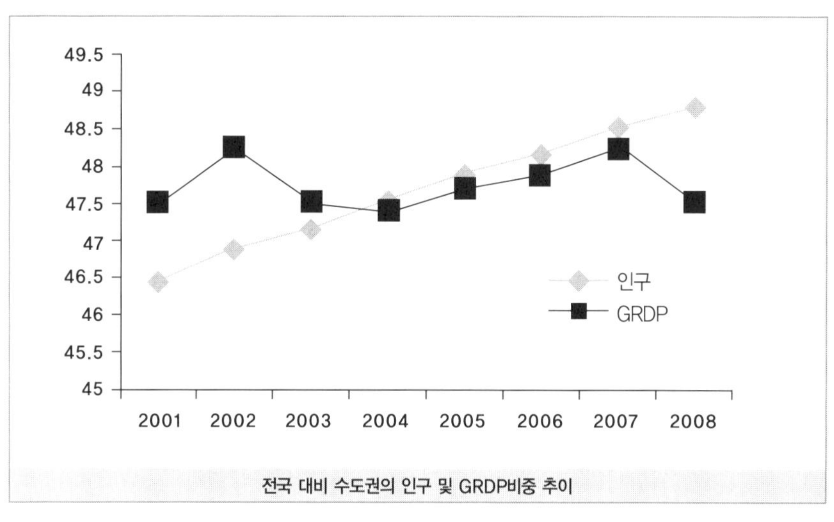

전국 대비 수도권의 인구 및 GRDP비중 추이

균형발전정책을 추진했다. 지난 30여 년간 우리나라는 수도권의 인구집중을 유발한다고 수도권에 대기업의 신증설과 대학의 신설을 전면 금지해 왔으며 지방교부세, 국고보조금 등 국세 수입의 지방배분에 있어 지방을 우대하는 정책을 시행해 왔다. 역으로 지방에는 4년제 대학의 신증설을 자유롭게 허용하여 대학의 수가 이제 200개를 넘어 1개 군에 1개 대학 체제를 갖추게 되었으며 결과적으로는 OECD 국가 중 최고의 대졸자 비율을 자랑하게 되었다. 국제공항의 건설이나 월드컵 경기장의 건설에 있어서까지 시도별 안배로 불필요한 공항과 축구장이 건설되어 국가자원의 낭비를 초래하고 있다. 참여정부에 들어서는 균형발전의 이념을 더 높이 들고 전국에 각종 도시를 안배하는 정책을 추진했으며 심지어 수도권에서 지방으로 이전하는 기업에 대해 세제인센티브까지 제공하기에 이르렀다. 균형발전을 위해 노력하지 않았다는 주장은 그래서 설득력이 없다.

따라서 보다 중요한 문제는 이런 균형발전 노력에도 불구하고 왜 수도권의 인구와 경제의 비중은 지속적으로 늘어나고 역으로 지방의 비중은 떨어지고 있는가 하는 질문에 대한 답을 찾는 일이다. 향후 어떠한 국토 및 지역발전전략에 대한 논의에 있어서도 이 질문에 대한 답을 찾지 않고 올바른 개선방안을 찾는다는 것은 연목구어에 불과하다. 그러나 역설적으로 이 질문에 대한 답은 그리 어렵지 않다.

그동안의 지역균형발전정책은 규제를 통해 수도권의 집적은 억제 및 해체하고, 지역에는 모든 지방에 골고루 1/n로 지원하는 정책이었다. 이러한 정책은 당연히 수도권의 성장을 둔화시킴과 동시에 지역경제에는 분산효과를 조장하게 되기 때문에 수도권의 성장 둔화, 지방의 하향평준화, 국가 전체의 경쟁력 하락을 초래할 수밖에 없게 되는 것이다. 결과적으로 "수도권규제와 지방에 대한 1/n 지원정책"이라는 균형발전정책은 수도권 일극체제를 고착화시킴으로써 지방으로부터 수도권으로의 인구와 자원의 흐름을 더 강화하는 역설적인 결과를 가져오게 된 것이다. 흥하는 이웃을 청산할 뿐만 아니라 어느 누구도 흥할 수 없게 하니 내 지역이 발전할 수 없다는 신 자본주의 경제발전원리가 작동한 셈이다.

한국의 균형발전정책은 지역균형에 한정되지 않았다. 대한민국의 1987년 민주헌법은 여러 곳에서 국가균형발전을 국가운영의 목표로 제시하고 있으며 이를 위해 정부가 노력할 것을 선언하고 있다. 이에 맞추어 정부는 지역균형발전, 도시와 농촌의 균형발전, 중소기업육성과 대기업 규제를 통한 경제의 균형발전, 형평과 분배의 개선을 통한 사회의 균형발전 등을 추진해 오고 있다. 그리고 교육부문에서도 소위 교육평등을 지향하는 평준화교육이라는 이름의 교육제도가 풍미하게 되었다. 그러나 이러한 지역 및 사회, 경제부문의 균형발전을 추구해 왔음에도 한국경제는 오히려 지향했던 선진국 도약은 고사하고 그 역동성이 나날이 떨어지고 있다. 한국경제는 1980년대 초반 이후 수도권정비법에 의해 수도권규제가 강화되고, 1987년 정치민주화 이후 모든 부문의 균형발전을 추구하기 시작한 이래로 성장잠재력이 지속적으로 하락하고 있다.[15] 국가균형발전의 노력이 오히려 한국경제의 성장잠재력을 훼손하고 있는 것이다.

---

15) 한국경제의 장기성장잠재력의 추세하락과 그 원인과 대책에 대한 종합적인 논의에 대해서는 좌승희(2006, 2008)를 참조.

이러한 상황임에도 불구하고 참여정부는 한걸음 더 나아가 국가균형발전을 국가운영의 최우선순위 목표로 설정하고, 수도권과 지방의 역량을 다 같이 분산시키는 발전역행적인 정책을 추진했다. 참여정부는 "先 지방 육성, 後 수도권규제완화"를 기조로 수도권 규제는 계속하되 지방을 우선적으로 발전시킨다는 균형발전정책을 법제화했는데 그 내용은 여전히 수도권의 집적을 해체하고 지방을 1/n로 지원하는 분산정책을 따랐다. 서울의 수도 기능을 분할하여 행정수도를 충청남도 연기군 소재 '세종시'로 이전하고, 전국에 10개의 혁신도시, 6개의 기업도시, 7개의 혁신클러스터 등 각종의 특성도시 건설을 추진했다. 나아가 참여정부는 경제발전에 따라 발생하는 자연스러운 지역격차 문제를 정치쟁점화하고, 인위적인 균형을 만들어내기 위해 무리한 자원재분배정책들을 추진함으로써, 수도권과 지방의 정치적 · 사회적 · 경제적 갈등을 조장하고, 사회적 통합을 훼손하고, 경제적 낭비를 초래했다. 참여정부가 결정한 각종의 균형발전 사업계획들을 그대로 추진한다면 막대한 직접비용의 부담은 물론 심각한 국가경제의 비효율을 초래할 것이 분명해 보인다.

**2) 신 자본주의 경제발전관은 지역발전에 대해 새로운 시각을 제시한다**

신 자본주의 경제발전관은 우리나라 지역발전전략과 관련해서 흥미있는 시사점을 제공한다. 최근 경기도가 인구증가가 제일 높고 산업입지 측면에서 선호의 대상이라고 하는데 이러한 경기도의 성장은 바로 인근 서울로부터 시너지를 누리고 있기 때문이다. 그리고 최근 충청남도가 한국에서 대단히 높은 성장을 하고 있는데 이 또한 서울과 경기도로부터 시너지를 받기 때문인 것이다. 아마도 충청남도의 성장을 경기도에 대한 기업입지규제의 반사효과 때문이라 할지 모르나(그런 효과가 전혀 없다고 할 수는 없겠지만) 더 큰 효과는 경기도 성장의 시너지 효과를 많이 보고 있다고 할 수 있다. "흥하는 이웃이 있어야 나도 흥한다"는, 혹은 이웃이 안되고 내가 잘될 수는 없다는 신 자본주의 경제발전의 명제를 명심해야 할 것이다. 관광지로서 강원도가 이룬 역동적 성장도 수도권으로부터 시너지를 받기 때문임을 부정할 수 없을 것이다. 만일 오늘날 서울과 경기도 등 수도권이 이미 일본의 동경권처럼 발전했다고 하면 충청도나 강원권에 대한 시너지 효과가 어떠할 것인지를 상상해 본다면 우리의 새로운 명제의 의미를 쉽게 이해할 수 있을 것이다.

한편 충청남도는 최근 한국에서 제일 빠른 성장을 하고 있으나 내부적으로는 북서부의 집적과 성장에 비해 타 지역은 인구감소와 정체를 경험하고 있다. 보도에 의하면, 산업단지의 60% 이상이 서북부권에 소재하고 있으며, 2007년 유치기업 1,004개 중 65.5%(658개)가 서북부에 집중되어

서북부는 인구가 증가하는 반면, 남부권은 인구가 감소하고 있다. 특히 35개 대학 중 11개가 천안, 5개가 아산에 소재하여 서북부 편중현상이 일어나고 있다.[16] 바로 이러한 충청남도의 경제활동의 불균형적 집적은 발전의 가장 일반적인 현상을 반영하고 있을 뿐만 아니라, 동시에 경기도를 포함한 수도권의 성장에 의해 그 시너지효과가 스필-오버, 혹은 트리클-다운 되는 과정인 것이다. 경기도의 서남부와 충청남도의 서북부는 이미 하나의 산업클러스터로 통합되었다.

모두 다 평등하게 사는 균형발전이 가능한지의 문제, 나아가 이웃을 규제하고 내가 더 이익을 볼 수 있을 것인가의 문제 등 신 경제발전관은 한국의 국토 및 지역 발전정책에 대해 기존의 시각과는 전혀 다른 새로운 시각을 제시하고 있는 것이다.

### 3) "집적균형"만이 지역발전을 가져온다

신 경제발전관에 따르면 소위 지역균형발전은 집적균형을 통해서만 이룰 수 있다. 산술적 평등, 균형을 보장하는 균형발전은 불가능한 이상에 불과하지만 적절한 차등속의 동반성장은 추구해야 할 목표로서 의미

---

16) 조선일보 보도, 2008년 5월 1일자 참조.

가 있다. 지역 간 동반성장은 궁극적으로 도시의 집적경제를 바탕으로 주변으로의 시너지의 스필오버, 트리클 다운 효과를 통해 이루어 진다. 칼 마르크스적 세계관인 "흥하는 이웃이 없어져야 내가 잘 된다"는 이념은 잘못된 이념이다. "흥하는 이웃이 많은 것이 나에게 도움이 된다"는 새로운 발전관이 옳은 이념이다.

그동안 한국은 중앙정부의 자원 재배분 정책에 의해 모든 지역을 골고루 지원하는 분산균형을 추구했으나 그 실적은 참담하다. 분산균형은 바둑판 위의 361개 바둑돌이 모든 점에 전부 평평하게 펼쳐진 소위 "완전경쟁균형" 상태로서 시너지의 원천으로서의 도시집적이 없는 평등한 균형이다.[17] 휴식과 정체만이 있고 발전은 없다. 정부가 나서 공공기관 분산배치, 기업의 분산배치, 행정의 분산을 통해 분산균형을 추구하면 지역의 하향평준화와 도덕적 해이의 만연을 초래한다.

그러나 신 자본주의 경제발전관의 입장에서 보면 집적 균형, 즉 차등적 균형이 중요하다. 이는 바둑판 위의 화점을 중심으로 바둑돌이 집적되고 이러한 집적, 즉 불균형들이 서로 균형을 이루는 불균형 속의 균형을 의

---

17) 경제학의 완전경쟁모형은 자원배분의 원리를 설명하고 있지만 발전의 원리에는 역행하는 모형으로 경제발전현상을 설명하지 못한다. 좌승희(2008) 참조.

미한다. 주요 도시지역을 거점으로 한 집적균형만이 발전을 가져온다. 지역거점 간의 팽팽한 당김이 균형을 이루지만 전체적으로는 불균형적, 차등적 발전이 이루어지는 것이다.

중국은 등소평 이후 연안의 거점도시와 지역의 집중성장을 유도했고 이제는 내륙의 거점도시의 집중육성을 통해 연안과 내륙의 동반성장을 유도하는 집적균형정책을 추구하고 있다. 일본은 지난 30여 년간 내발적 균형발전이라는 이름하에 중앙에 의한 인위적 자원의 재분배 정책을 통해 전국의 균형적 발전을 추구하는 분산균형정책을 통해 잃어버린 10년을 초래했다. 균형발전을 표방하던 프랑스는 2000년대 들어 균형발전이 프랑스의 성장잠재력을 잠식한다고 평가하고 경쟁력강화정책으로 전환하고 파리권의 집중적 육성을 위한 '그랑파리 프로젝트'를 추진하고 있다. 더욱이 연구기관들을 분산시켰던 프랑스는 이것이 현재 프랑스의 R&D역량을 잠식했다고 평가하면서 파리권을 혁신역량의 중심지로 만들기 위해 노력하고 있다. 영국 또한 현재 런던권의 집중적 육성을 위해 런던을 중심으로 한 탬즈강 게이트웨이(Thames Gateway) 개발계획에 국가 재개발 사업의 최우선 순위를 부여하고 있다.

## 4) 보다 많은 흥하는 지역(지역거점)을 창출하는 것이 지역경쟁력 강화와 균형발전의 길이 된다

오늘날 한국은 국가균형발전이라는 이상을 두고 여당과 야당 간에, 수도권과 지방 간에, 부자와 빈자 간에, 도시와 농촌 간에, 대기업과 중소기업 간에, 온 나라가 대립과 갈등을 노정하고 있다. 국민통합을 외쳐보지만 좀처럼 해결의 실마리가 보이지 않고 있다. 노무현 참여정부는 국가균형발전을 국정목표로 설정하여 모든 부문에서 균형과 평등을 추구했다. 이명박 정부는 경직적 균형 추구를 포기한다 했으나 그동안의 여론의 반대에 부딪쳐 노무현 정부의 노선을 마지못해 소극적으로 따라가는 모습이다.

신 자본주의 발전관은 모든 발전이란 성장거점을 중심으로 거점의 집적효과가 주변으로까지 파급되면서 모든 지역이 성장함에 따라 달성되는 동반성장과정이라고 해석한다. 따라서 거점을 해체하고 모든 지역을 균등하게 발전시키겠다는 평등주의적이고 분산적인 지역발전정책은 모든 지역을 하향평준화시킬 수밖에 없는 것이다. 어느 나라에나 지역 간 격차는 존재하는 것이며 모든 지역이 동등하게 발전하는 것은 불가능하다는 것이 객관적 현실이다.

국토경쟁력을 극대화한다는 것은 지역경제발전과정에서 앞서가는 흥하는 지역을 통해 창출되는 시너지효과가 전 국토로 전파됨으로써 각 지역이 그 잠재역량을 충분히 발현할 수 있도록 한다는 것을 의미한다. 따라서 국토 및 지역 발전전략은 결국 역량 있는 지역을 중심으로 지역경제 거점을 창출해내는 전략일 수밖에 없다. 모든 지역을 골고루 육성하는 것이 아니라 성장 잠재력이 높은 거점을 육성하여 시너지원천, 즉 지역의 수양산을 키워내는 것이 국가경쟁력을 극대화하는 길이 된다. 물론 이를 통해 전 지역이 골고루 발전하는 문자 그대로의 미시적 균형발전은 아니지만 지역 거점 간의 상호 경쟁과 시너지공유과정을 통해 거점 간의 거시적 균형발전을 달성할 수 있는 것이다.

국토경쟁력을 극대화하기 위해서는 먼저 수도권에 대해서는 수도권규제 철폐를 통해 수도권 집중억제정책에서 수도권 집적 활용정책으로 전환해야 한다. 수도권 집중은 역설적으로 집적의 외부경제효과를 창출함으로써 지식의 창출, 전파를 촉진시켜 국토 전 지역의 경쟁력 향상에 기여한다. 따라서 글로벌 경쟁시대에 국가경쟁력 강화와 경제성장을 달성하기 위해 수도권 집적의 외부효과를 적극 활용하는 전략으로 나아가야 한다. 이렇게 보면 수도권규제 정책은 일부 인근 지역의 조그만 반사이익 때문에 전체 국가의 성장잠재력을 저해하는 결과를 가져올 것이 분명한 정책이다.

더구나 오늘날과 같이 글로벌 경쟁 하에서 지역 거점 간의 경쟁이 치열해 지고 있는 상황에서 잠재력이 가장 높은 수도권을 규제한다는 것은 국제경쟁을 포기하는 것이나 다르지 않다. 더구나 오늘날과 같이 개방화된 체제에서 기업들의 입지 전략이 세계에서 가장 경쟁력 있는 유리한 곳을 찾아가는 상황에서 수도권 입지규제가 인근 지역에 반사효과를 가져올 가능성 또한 미미하다. 대도시권의 성장이 자연스럽게 주변 지역으로 집적경제효과를 전파할 수 있도록 해야 한다. 즉 수도권을 규제할 것이 아니라 지방에도 수도권과 같은 강한 지역을 선택적으로 집중 육성하는 것이 바로 균형발전의 길이 될 것이다.[18]

이런 관점에서 지방에 대해서는 지방의 특성과 역량에 근거하여 지방별로 차별화된 경쟁거점을 육성해야 한다. 지역발전정책도 일종의 유치산업육성정책이다. 흥하는 이웃을 차별적으로 키워내는 차별화원리만이 지역발전의 성공확률을 높일 수 있다. 지역 간의 발전역량과 그 성과에 따라 차별적으로 지원 육성함으로써 지방간 경쟁을 촉진하여 거점중심의 집적을 도모하는 "차별화 육성전략"을 채택할 필요가 있다. 동시에 지방

---

18) 이런 관점에서 볼 때 현재 논란이 되고 있는 세종시는 지역거점이 되기도 어려워 보인다. 오히려 부울경권이나 호남권(새만금을 포함)이 거점화 가능성이 있는 것으로 보이며, 세종시는 1~2시간 거리의 수도권에 흡수되어 거점도시역할을 하기는 불가능하여, 정부가 표방하는 "균형발전"을 위해서도 세종시 건설은 재검토가 필요하다. 세종시에 대한 상세한 논의는 다음 절 참조.

이 자신들의 운명을 자신들의 노력에 의해 바꿔나갈 수 있도록 지방분권체제를 강화해야 한다.

결론적으로 한국경제가 성장잠재력을 회복하고 선진국으로 도약하기 위해서는 마치 모두가 균형되고 평등하게 잘 살 수 있는 것처럼 국민을 오도하는 국가균형발전이라는 이념에서 벗어나야 하며, 특히 모든 지역이 균등하게 잘살 수 있다는 지역균형발전이라는 이념에서도 벗어나지 않으면 안 된다. 균형발전이라는 이념이 국가, 지역, 사회, 나아가 개인의 발전을 가져올 것이라는 어떠한 논리적 근거도 없으며, 오히려 정반대의 결과를 초래할 수 있다는 사실을 직시해야 한다.

## 2. 분권 자치를 통해 자조정신과 자기책임의식을 키워야 지역발전이 가능하다

흥하는 이웃 지역이 넘쳐야 내 지역도 발전할 수 있다. 흥하는 지역이 더 많이 나올 수 있는 제도를 만들어내야 한다. 그리고 지역이 서로 힘을 합쳐 시너지를 창출할 수 있는 제도적 장치를 창출해 내야 한다. 그동안 중앙정부주도의 지역균형발전전략과 분권 없는 지방자치제도는 지방의 도덕적 해이와 무임승차행태를 유발하여 지역발전정책의 비효율을 초래했다. 이러한 문제들을 해소하기 위해서는 분권자치, 즉 인사, 재정, 정책에 있어서의 지방의 자치권을 강화하여 자율과 책임의 원칙에서 자기 지역의 미래 운명을 자신들이 책임지도록 지방행정체제를 바꾸어내야 한다. 자치역량 미흡으로 파산하는 자치단체가 등장할 수 있는 가능성도 열어놓을 필요가 있다.

또한 그동안 지방행정체제는 분권 없는 자치에 더하여, 흥하는 이웃을 광역시로 분리·독립시킴으로써 시와 도 간의 시너지 효과를 거세하여 시도 도도 다 정체시키는 결과를 가져왔다. 이 문제를 해소하려면 광역시와 도의 통합 등을 통해 광역 혹은 초광역 행정체제를 구축할 필요가 있다.

**1) 지방분권 없는 지방자치, 자조정신과 책임의식을 앗아간다**

그동안 한국은 지방자치나 분권이라는 말은 많이 해왔지만 실제로는 분권 없는 자치에 그치고 있다. 중앙집권이 너무 강해서 지방은 중앙의 시혜만 쳐다보고 중앙정부의 '예산'을 따기 위해 로비에만 매달려온 형국으로 자율적 지역발전노력이 너무 약했다. 한국에 실질적인 지방자치는 없다. 진정한 지역발전을 위해서는 중앙정부 권한을 슬림화하고 지방분권은 확대하여 지방정부의 권한과 책임 모두를 강화해야 한다.

중앙정부 중심의 균형발전정책 기획 및 시책 추진은 지자체의 자생의지를 약화시키고, 지방자치단체들은 지역 잠재력에 맞는 사업보다는 중앙정부가 짜놓은 틀에 맞추는 사업을 추진하여 국가재정의 낭비를 초래했다. 국가균형발전정책은 정책대상 지역의 선정에 있어서 명확한 기준이 없고 그 궁극적 목표도 불분명하여 결국 정치적 고려에 압도되어 1/n 나눠주기식 정책으로 전락하게 되었다. 지방발전은 지방의 자발적인 노력을 이끌어냄으로써 달성 가능한 것이다. 지방자치단체가 지역여건과 특성에 맞는 개발계획을 수립하고 집행하도록 분권을 강화하여 지방정부가 사업에 대해 자율과 책임을 가지는 시스템을 정립할 필요가 있다. 이 과정에서 자치역량 미흡으로 파산하는 자치단체가 등장할 수 있는 가능성을 열어놓을 필요도 있다.

유사 이래 외부로부터 누가 시혜적으로 지원해 주고 건설해 줘서 개인이나 지역이나 국가가 잘된 경우는 많지 않다. 실제로 제2차 세계대전 이후 아프리카 등 원조를 많이 받은 후진국들이 선진국으로 발전한 사례는 거의 없으며, 지난 10여 년간 10조원 이상 시혜를 받은 북한 또한 여전히 빈곤상태를 못 벗어나고 있으며(물론 정치경제체제의 문제도 있지만), 그동안 균형발전을 한다고 수도권에서 지방으로 자원을 재분배해 왔지만 지방은 더 낙후되었다는 것이 지방의 주장이다. 결국 지역발전은 자신의 노력이 바탕이 되어야 가능한 것이며 이럴 때라야 외부의 지원도 도움이 된다. 발전은 누가 가져다 주는 것이 아니며, 돈이 많다고 얻어지는 것도 아니다. 따라서 우리나라의 경우 지역이 스스로의 내생적 역량과 자조력을 키우는 것이 시급한 과제이며 이를 위한 최선의 방법은 지방에 대한 분권자치밖에 없다.

### 2) 우리나라의 분권 없는 지방자치의 실상

1980년대부터 본격화된 세계화와 개방화의 파고를 맞아 중앙집권적이었던 많은 선진국들은 지방분권의 확대와 동시에 지역경쟁력 강화를 위한 지역발전정책의 새 패러다임을 정립하기 위해 노력해 왔다. 앞에서 지적했듯이 지방발전이란 각 지방이 스스로의 차별화된 특성에 근거하여 스스로의 정책을 만들고 집행해 나가야 하는 것이다. 이는 세계화가 진전되면서 국가차원의 거시정책효과가 축소되고 지역이 경쟁의 단위로 등장하면서 그만큼 지역정책이 중요해졌기 때문이다. 특히 영국, 프랑스, 일본 등의 경험을 보면 이러한 지방분권의 확대과정은 그동안 유지해 온 중앙정부 주도의 지역균형발전정책을 폐기하는 과정과 동시에 진행된다. 중앙집권적인 균형정책과 지방분권은 모순되기 때문이다.

이에 비해 우리나라는 급격한 개방화와 세계화 속에서도 여전히 폐쇄경제적 패러다임인 중앙집권적인 균형발전정책을 유지하고 있다. 우리나라의 경우 지방자치단체의 자주적인 지역경제정책의 기획과 집행 권한은 취약한 실정이다.[19] 특히 지역밀착형 지역경제정책이 필요한 상황임에도 불구하고 권한과 예산의 부족 등으로 인해 큰 제약을 받고 있다.

우리나라 행정체제의 문제점은 다음과 같다. 첫째, 과도하게 중앙집권적이며 비효율적인 행정사무체계를 가지고 있어 지방의 창의적인 지역

---

19) 현행 헌법 제117조 제1항에 따르면 지방자치단체는 법령의 범위 안에서만 자치에 관한 규정을 제정할 수 있기 때문에 지방자치단체의 자치 권한은 본질적으로 법령 등을 제정하는 중앙정부에 의해 제한을 받는다. 따라서 지방자치단체는 지방자치법 제9조 및 제15조에 따라 지방자치단체의 고유사무인 자치사무와 개별 법령의 취지에 부합하는 범위 내에서 지방자치단체에게 위임된 위임사무에 한정하여 조례를 정할 수 있다. 결국 지방자치단체의 조례는 법률, 명령의 효력보다 하위의 구속력을 지니므로 법률보다 강한 규율을 할 수 없으며 법률의 위임이 있더라도 최소한 규율에 그친다.

밀착형 자치행정이 실종되었다. 행정기능과 권한이 중앙정부에 과도하게 집중된 반면 지방자치단체의 자율성과 책임성은 충분히 확보되지 않아, 중앙은 과중한 업무부담으로 지역실정과 괴리된 획일적 지방정책을 양산하는 반면에 지방은 단순한 정책집행기구로 전락하고 있다. 우리나라의 경우, 국가사무가 85%이고, 지방사무는 15%에 불과한 반면 외국의 경우는 지방사무가 일본 60%, 미국 50%, 프랑스 40% 등에 이르고 있다.[20]

둘째, 국세와 지방세의 비중이 너무 국세에 치우쳐 지방재정이 중앙의 교부금에 지나치게 의존적이 되면서, 지방자치단체들은 창의적인 지역발전을 통한 자체적인 재정확보노력보다도 대(對)중앙 예산확보 로비에 지나치게 몰입할 수밖에 없는 유인구조가 형성되고 있다. 이에 따라 과도한 중앙집권화와 자치단체 예산운용의 비효율성이 초래되고 있다. 우리나라의 국세와 지방세의 비중은 80대 20으로 과도하게 국세비중이 높고, 더구나 지자체는 그 예산의 35%를 중앙으로부터 교부받고 있는 실정이다.

셋째, 광역과 기초자치 단체 간에 사무중복이 약 30%에 달하여, 광역행정과 기초행정의 기능이 차별화 및 전문화되지 못하여 비효율적 중복

---

20) 한국은 2002년, 비교 선진국 일본은 2008년, 미국과 프랑스는 각각 2002년 자료이다. 행자부(2002)와 경기개발연구원 · 한국지방자치학회(2009) 참조. 우리나라의 경우 국가 전체사무 41,603개 중 지방사무는 27%인 11,363개 사무(국가위임사무 포함), 순수 지방자치사무는 15%(6,306개 사무)이다.

자치행정을 초래하고 있다. 완전중복 사무(118개)는 시도 사무(358개)의 약 33%, 시·군·자치구 사무(396개)의 약 30%에 이르고 있다.[21]

넷째, 행정구역 측면에서는 1980년대 이후 권위주의 정권시절 정치적인 이유(공무원들에게 승진과 자리보전 기회 확대 등)로 도(道)로부터 광역시를 분리 독립시키는 정책을 시행해 왔다. 그런데 이러한 정책은 성장거점인 핵심도시와 잔여 도 간의 시너지창출 메커니즘을 차단하게 되어 광역시는 시대로 잔여 도는 도대로 네트워크 경제와 집적 및 규모의 경제를 상실하게 됨으로써 전 국토의 성장잠재력이 잠식되고 있다. 이러한 광역시 제도는 세계적으로 유례가 없는 제도로 도시와 농어촌지역의 분리 때문에 기존 도의 중추기능 약화와 도민의 불편이 가중되고 있다. 그리고 이로 인해 광역시의 성장관리(Growth Management)의 어려움과 광역시와 도 간의 광역계획 수립 및 광역행정 수행의 어려움이 가중되고 있다. 흥하는 시와 잔여 도 간의 유기적 상호작용을 차단함으로써 지역경제발전의 힘인 시너지효과를 거세하는 꼴이 되었다.

---

21) 지방자치법 시행령 제8조(지방자치단체의 종류별 사무) 및 「별표 1」.

### 3) 국가의 지방행정체제, 이렇게 바꾸자

이상과 같은 문제점을 해소하기 위해 다음과 같이 국가와 지방의 행정체제를 개편할 필요가 있다. 첫째, 행정기능 및 권한 측면에서 과부하에 걸린 중앙권한(사무)의 지방이양을 통해 분권 자치를 확립하고, 광역과 기초자치단체 간 자치권의 차별화·차등화를 통해 사무중복 해소와 업무 전문화를 도모할 필요가 있다. 국가는 사무 재배분을 통하여, ① 중앙은 외교, 국방, 통상, 통화, 금융 등 국가차원의 초 광역적 사무를 수행하고, ② 광역시·도는 교육, 경찰, 사회자본 정비, 산업활성화정책 등 광역자치사무를 수행하며, ③ 시·군·자치구는 생활환경 개선, 주민생활 밀착 서비스 등 기초자치 사무로 전문화해야 한다.

둘째, 지방세의 비중을 높여 지방의 자체조달 재정책임을 강화함으로써 자주적 지역발전노력을 유인하여 지방의 발전역량을 제고해야 할 필요가 있다. 이를 통해 지방의 기업유치와 지방산업 육성을 위한 노력을 배가시킬 수 있을 것이다. 나아가 노력이 미흡한 자치단체들이 파산에 직면할 수 있는 가능성을 열어놓을 필요도 있다.

셋째, 행정구역 측면에서 광역시와 도를 통합하여 도시와 교외 및 농어촌 간의 광역행정을 가능케 하여 시너지 창출을 극대화함으로써 집적과 규모의 경제를 통해 지역별로 수도권에 대항할 수 있는 메가시티의 출현가능성을 열어놓아야 한다. 이를 통해 수도권 일극체제 극복과 실질적인 집적 균형발전이 가능해질 것이다.

이러한 국가행정체제 개편방안은 국가 간 경쟁에서 지역 간 경쟁으로 전환되는 무한경쟁시대에 대비하고, 수도권 인구 및 자원의 집중을 억제할 수 있는 묘책이 될 수 있을 것이다.


### 4) 광역화로 가는 선진국들 : 일본, 영국, 그리고 프랑스


• 일 본 •

21세기의 목전에서 일본은 40년 가까이 추진해 온 국토정책상의 균형발전노선을 폐지하고 지역의 선택과 책임에 의한 자주적 발전노선을 선택했다. 국토균형발전정책은 수도이전, 26개 테크노폴리스와 42개 리조트 건설이 추진된 1980년대 절정에 달했다. 국토균형발전정책은 1980년대 부동산 버블과 1990년대 장기경제불황을 초래한 요인으로 작용했다.[22]

1998년 일본 정부는 지방의 자주적 발전노선을 주창하면서 정부주도의

---

22) 이에 대한 상세한 분석은 좌승희(2008)를 참조.

국토계획제도를 47개 광역지자체가 8개의 광역계획권 안에서 공동으로 수립하는 광역지방계획으로 대체하고 향후 광역계획권을 연방제 수준의 분권국가로 이행하는 틀로 삼겠다는 계획을 발표했다. 이러한 지역주도형 도주제(道州制)는 2005년 국토형성계획법 및 2007년 도주제특별구역광역 행정추진법 제정으로 그 법적 기반이 만들어지게 되었다. 2009년 현재 중앙정부 내각부의 주도 아래 도주제로의 이행논의가 구체화되고 있다.

원래 도주제는 1990년대 장기경제침체 속에서 오사카 등 지방 대도시권의 경제계가 지속적으로 제안해 온 사항이다. 정부주도의 균형발전정책이 수도권은 물론 지방 대도시권의 경쟁력을 크게 약화시켰기 때문이다. 국토균형발전정책 하에서 형성된 중앙 관료와 정치인, 지방의 건설토목산업, 정부의존형 지방자치단체 간의 이해의 삼각구조를 해체하지 않고서는 지역의 자주적 발전이 불가능하다는 것을 인식했기 때문이다.

• 영국 •

영국의 국토정책은 1990년대 들어 재분배적 지역정책에서 경쟁적 지역주의(competitive regionalism)로 전환되었다. 1997년에 집권한 신노동당 정부는 런던광역당국(Greater London Authority)을 포함하여 잉글랜드를 9개의 광역권으로 구분했다. 신노동당정부는 지속적인 지역 격차를 해결하

기 위해서는 지역의 잠재력을 지역 스스로가 실현할 수 있도록 만드는 것
이 중요하며 모든 지역의 경쟁력 개선이 영국 전체의 경제적 번영에 기여
한다고 강조했다.[23] 1998년 지역개발청법(Regional development Agencies
Act)이 제정되면서 1999년 4월 1일에 8개의 지역청이 공식적으로 출범되
었다. 2000년 6월에 런던 RDA가 마지막으로 런던광역 당국(Greater London
Authority, GLA)으로 전환되었다.

한편 각 지역개발청은 2002년 이후 통합보조금(Single Pot)제도가 도입
되면서 지역의 우선순위에 따라 정책 간에 예산의 용도를 전환할 수 있는
유연성을 가지게 되었다. 이 제도는 지역개발청사업 관련 6개 중앙부처의
프로그램을 단일프로그램으로 통합하여 미리 설정된 배정기준에 따라 지
역개발청에게 차별적으로 배정되는 포괄보조금제도이다.

다른 한편 1999년에 통과된 런던광역정부법에 의해 런던은 영국 대도
시 중 유일하게 시장을 직선으로 선출하며, 다른 광역권에 비해 상대적으
로 높은 자치권을 획득했다. 런던의 상대적 분권화는 세계화 및 개방화
시대 런던권의 역할에 대한 재인식에서 비롯되었다. 런던은 유럽을 대표
하는 세계도시로서 또한 다국적 기업이나 금융산업의 중심지로서 파리,

---

23) 이 당시 스코틀랜드, 웨일즈, 북아일랜드는 정치적으로 완전한 분권화를 이룩하였다.

브뤼셀, 프랑크푸르트, 암스테르담 등과 경쟁하고 있다. 특히 제조업 중심 경제에서 지식기반 경제로 전환되는 세계 경제의 흐름 속에서 영국 경제를 이끌 수 있는 곳이 바로 런던이다.

런던은 1997~2007년 연평균 인구증가율이 7.7%로 지속적으로 인구가 증가되고 있으며, 런던의 1인당 총부가가치는 2007년 기준 33,179 파운드로 잉글랜드 전체의 1인당 총부가가치인 20,463 파운드를 훨씬 상회하고 있다. 따라서 런던은 교통, 지역발전, 소방, 경찰 등의 분야에서 전적인 권한을 가지고 있으며 런던의 정책에 중앙정부는 거의 개입하지 않는다. 특히 런던은 다른 광역권과 비교하여 중앙정부로부터 많은 지원을 받고 있으며, 이에 따라 런던의 1인당 재정지출액도 다른 지역에 비해 상대적으로 많다.


• 프랑스 •

프랑스의 경우 지역발전을 위해 1982년부터 지방분권화를 본격적으로 추진하여 레지옹, 데파르트망, 코뮌 등 지방자치단체에게 권한과 재정을 이양했다. 또한 1998년부터 정부는 지역간 행정적 구분을 초월하는 6개의 광역권을 설정했다. 광역권 형성과 동시에 지역간 협력을 위해 중앙정부 및 지역의회, 지방공공단체 등과 공동연구를 수행하고 있다.[24]

프랑스는 과거의 국가균형발전정책과 단절하고 새로운 경쟁력강화 패러다임으로 전환했다. 중앙정부가 직접 주도하는 지방분권정책에서 탈피하여 여러 지방정부간의 협력관계를 보다 강조하게 되었는데, 이는 중앙정부 주도의 지역관리체계에서 지방정부 주도의 지역관리체제로 전환되었음을 의미한다. 2003년부터는 국토정책에 있어 지역별 다양성을 더욱 잘 반영하기 위해 레지옹의 자율성 확대 등 제2차 지방분권정책이 추진되었다. 프랑스의 국토발전 및 지역개발정책은 지방분권의 확대와 동시에 추진되고 있으며 국가 권한의 지방으로의 이양과 함께 그에 따른 재정지원은 헌법에 의해 보장되고 있다.[25]

프랑스는 지난 2009년 4월 29일 사르코지 대통령이 '그랑파리(Le Grand Paris) 프로젝트'를 발표하면서 파리의 광역화 정책을 본격적으로 추진하고 있다. 수도권의 집중과 집적의 효과를 강화하여 21세기의 대표적인 대도시권이자 통합 유럽의 중심지로서 파리권의 역할을 제고시키는 것을

---

24) MIIAT(국토개발을 위한 부처간·지역간 대표단)를 구성하여 1998년과 2000년에 걸쳐 6개의 광역권에 배치했다. 2004년에 MIIAT는 MEDCIE(지역간·유럽간 협력을 위한 연구 및 개발 대표단)로 대체되며, MEDCIE는 연구주제에 따라 공동연구를 수행하고 있다.

25) 프랑스 헌법에 따르면 지방자치단체는 법률이 정하는 바에 따라 자주재원을 부여받으며, 지방자치단체는 법률이 정하는 한도 내에서 과세물건 및 세율을 결정할 수 있다. 국가와 지방자치단체 간의 권한이전은 이에 상응하는 자원배분이 따른다.

목적으로 하고 있다.


### 5) '도 폐지, 시·군 통합, 인구 70만 규모의 60~70개 자치시'를 지향하는 지방행정체제 개편안, 문제점이 많아 보인다

이상의 논의에 비추어 볼 때, 현재 국회를 중심으로 진행되고 있는 '도 폐지, 시·군 통합, 60~70개 자치시' 안은 심각한 문제점들을 내포하고 있다. 우선 도(道) 폐지는 지금의 도가 갖는 취약한 권한과 책임의 인센티브 구조를 고려하지 못하고, 단지 도가 효율적이지 못하다는 피상적 관찰에 의존해서 나온 결론으로 보인다. 즉 도의 역량과 책임의식의 상실을 가져오고 있는 분권 없는 자치라는 도 문제의 근본 원인에 대한 고민이 없어 보인다. 다음으로 시군의 통합은 기초자치단체의 소멸이 가져올 기초자치기능 상실에 따른 주민들의 불편가능성을 충분히 고려하지 않는 것으로 보인다. 이와 관련해서는 제주특별자치도의 경험을 참조할 필요가 있다. 시군 폐지로 기초자치기능이 도에 집중되면서 주민들의 일상적인 민원이 도로 몰려 도정은 과부하되고, 주민들의 불편은 고조되고 있다.

도 폐지와 소규모 자치도시화에 따라 발생하는 시(市) 간의 업무조정기능 부재는 결과적으로 중앙집권을 더 강화하는 결과를 가져올 우려가 있다. 더구나 현재와 같은 분권 없는 자치제도가 존속되고 더구나 국세 우위의 재정구조가 그대로 존속된다면 새로 설립되는 시의 창의적 지역발전노력을 유도하기는 어렵고 중앙집권이 더 강화되는 결과를 초래할 것이다. 이에 따라 60~70개의 70여만 규모의 자치시화는 앞에서 제시한 분권자치와 도와 광역시 통합을 통해 얻을 수 있을 것으로 기대되는 집적과 규모의 경제실현에 제약이 될 것이며, 지역경쟁력 전반에 부정적인 영향을 미칠 가능성이 커 보인다. 이는 세계적인 지역의 초광역화 추세에도 역행하는 것이다.

특히 해외의 경험은 광역권 정책을 추진하기 위해서는 중앙정부 권한의 지방 이양 및 지방의 자주적 역할을 강조하는 지역정책의 분권화 확대, 광역권의 발전을 위한 거버넌스 구조의 확립 등이 필요하다는 것을 보여준다. 광역권은 행정적 경계가 아니라 사람들의 이동성과 경제활동에 근거하여 구성되기 때문에 행정적 칸막이를 넘는 거버넌스 구조가 없이는 발전할 수 없기 때문이다.

### 6) 오히려 보다 미래지향적으로 "신 삼국시대"를 지향함이 옳다

최근 지방행정체제 개편논의의 또 한 갈래는 초광역화를 통한 규모의 경제실현을 위해 광역시와 도의 통합은 물론 남도와 북도의 통합까지 가는 초광역화를 지향하고 있다.[26] 이러한 방향은 그 정신에 있어 필자의 광역화 제안과 크게 다르지 않다. 광역화의 범위를 어디까지 할 것이냐는 보다 실용적으로 판단할 사항으로, 경우에 따라서는 정치적인 고려까지도 해야 하는 문제다. 하지만 기본적으로 만남의 장을 넓힘으로써 더 많은 흥하는 이웃끼리의 네트워크를 확대하고 그 시너지를 보다 널리 확대해 나간다는 측면에서 의미 있는 시도라고 생각한다. 일본이 지난 수년간 연구하고 논의해 온 인구 천만규모의 광역 "도주제"안이나 여타 선진국들이 지향하는 지방자치의 광역화 추세와도 일맥상통하는 안이라 할 수 있다.

필자는 여기서 더 나아가 한국의 지방자치를 통일시대까지 염두에 두고 더 광역화하는 방향으로 구상해 볼 것을 제안하고 싶다. 필자의 구상은 전 국토를 수도권·영남권·호남권의 3대 권역으로 초광역화하고 자치권을 부여하여, 메가시티리전(Megacity region)개념에 입각한 연방제에 준하는 국가 경영체제를 만드는 것으로 이른바 "신 삼국시대"안이라고 부를 수 있을 것이다. 통일이 되면 북한을 하나 혹은 두 개의 연방으로 만들 수 있을 것이다. 이러한 "신 삼국시대" 구상은 중국의 부상하는 초광역 지역들과의 경쟁에도 대비할 수 있는 방안이 될 것이다.

---

26) 한반도선진화재단도 이러한 주장을 하고 있고 자유선진당은 강소국 연방제라는 이름으로 유사한 주장을 하고 있다.

# 3. 세종시 등, 수많은 도시들 어떻게 하나?

## 1) 세종시 어떻게 하나?



정운찬 총리님, 세종시 대안 마련에 얼마나 노고가 크십니까? 찬성이든 반대든 모두다 국가의 장래를 내세우고 정치적 약속이니 신뢰니 하는 미사여구를 쓰면서 물러설 줄을 모르니 안타까운 일이 아닐 수 없습니다. 훗날 올바른 결정이었다는 역사의 평가를 받기 위해서는 이쯤에서 세종시 문제의 진실을 한 번 냉정하게 점검할 필요가 있어 보입니다.

우선은 한국에서 제일 못사는 저의 고향 제주도 한경면이나 인구감소에 시달리는 전북 전주나 경기도 연천군 등이 한국에서 두 번째로 잘 산다는 총리님의 고향인 충청남도에 최첨단 도시를 건설해 줘야 할 이유가 어디에 있는지 답할 수 있어야 원안이든 대안이든 추진할 명분이 있다고 생각합니다. 세종시 계획은 중앙정부계획이라 하지만 실상은 전국 15개 광역시·도가 세금을 내서 한국에서 가장 빠른 성장을 하고 있는 충남에 첨단 명품도시를 지어주는 일임을 잊어서는 안될 것입니다. 그럴 이유를 찾을 수 없다면 이 사업은 중단하는 것이 옳다고 생각합니다. 정치인들이 약속과 신의를 얘기하지만 15개 시·도민의 주머니를 마음대로 자신들의 정치적 목적을 위해 쓸 수 있다는 대단히 잘못된 발상의 결과에 다름 아니라고 생각합니다.

세종시의 명분을 찾기 위해서는 우선 세종시가 왜 행정도시이어야 하는 지를 설명할 수 있어야 하겠지요. 총리께서는 행정도시로는 자족도시가 될 수 없기 때문에 대안이 필요하다 하시지만 이것은 논점이 잘못된 것이 아닌가 생각합니다. 자족 여부에 관계없이 행정기능이 왜 세종시에 내려가야 하느냐를 정당화하지 못한다면 이 도시의 출발 자체가 잘못되었음을 의미하게 되고, 따라서 도시건설을 여기서 중단함이 옳다고 생각합니다. 최초 천도를 논의할 때 고 박정희 대통령도 연기로 천도를 구상했었다는 사실을 가지고 명분을 찾기도 했었지만 그 당시에는 서울이 북한의 위협에 너무 가까이 노출되어 있어 안보상의 이유로 대안을 모색했다고 생각합니다. 지금과 같은 핵무기와 장거리 미사일시대에 이 발상은 큰 의미가 없어 보입니다. 더구나 통일 시대까지 생각하면 행정수도기능은 오히려 북쪽으로 이동하는 것이 더 상식에 맞다고 생각합니다. 따라서 행정기능의 분할에 따를 비효율을 감수한다 하더라도 세종시를 행정도시화하는 것 자체의 정당성을 찾기는 어려워 보입니다.

그러면 행정도시가 아닌 세종시를 '균형발전'을 이유로 충남에 그것도 연기군에 건설해야 할 명분이 있나요? 이 주장은 더더욱 정당화하기가 어려워 보입니다. 지금 충남은 한국에서 두 번째로 높은 1인당 생산과 가장 빠른 성장을 향유하는 지역으로 오히려 다른 지역을 도와줘야 균형발전의 이념에 맞다고 생각합니다. 물론 저는 이런 발상에 반대합니다만… 이렇게 보면 충청남도 연기군에 행정도시든 교육과학기업도시든, 대규모 첨단도시를 건설해야 하는 이유를 찾기는 어려워 보입니다.

국민들은 이미 5조가 넘는 돈이 투자된 도시건설을 그만두라니 말도 안 된다고 생각하시겠죠. 경제학의 철칙 중의 철칙인 "과거투자는 미래투자결정에 영향을 미쳐서는 안 된다"는 매몰비용 원리를 상기하고자 합니다.

아마도 이 일을 저지른 정치인들은 그 정치적 배경은 숨긴 채

그래도 연기군이 훌륭한 도시가 될 것이기 때문에 계속 투자를
해야 한다고 하겠죠. 그렇다면 왜 기업이나 대학들 중에 솔선해
서 옮기겠다는 신청자들이 안 나올까요? 인센티브를 말하지만
원래 갈 마음이 없는 대학이나 기업들을 끌어들여 계속 남아 있
도록 인센티브구조를 구성하기도 어렵지만 다른 지역이나 대
학·기업들과의 형평성에도 문제가 생길 수 있지 않겠습니까?
도시형성은 복잡계의 자기조직화과정이라 합니다. 그래서 인위
적인 지속가능한 자족도시는 쉬워 보이지 않습니다.

　세종시 문제의 정답은 지금 이 시점에서 중단하고 이로 인해
그동안 정신적·금전적 피해를 본 지역민들에게 보상이나 하는
것으로 끝내는 게 옳다고 생각합니다. 현실성 없는 주장이라 하
시겠지만 올바른 대안을 찾기 위해서는 정파나 이념적 논쟁보다
원칙과 진실을 명확하게 해 두는 것도 중요하다고 생각합니다.
저의 이런 문제제기가 총리님이 얼마나 어려운 일을 하고 계시
는지를 국민들이 헤아릴 수 있는 계기가 되기를 바랄 뿐입니다.

조선일보 2009년 11월 24일자 저자의 시론

* 세종시와 관련해서 던져야 할 몇 가지 질문

세종시 문제에 대해 지역이기주의가 아닌 국가의 관점에서, 정치가들의 포퓰리즘이 아닌 객관적인 과학의 관점에서, 현재가 아닌 미래의 관점에서 전면적인 점검을 해야 한다.

먼저 세종시 건설과 관련된 몇 가지 중요한 질문들을 던져본다.

첫째, 왜 천도 혹은 정부 일부를 나눠야 하나? 아무리 해도 정략적 이유밖에는 생각할 수 없다. 남북통일 문제까지 고려하면 천도나 행정기능을 충남으로 옮겨야 할 이유가 없어 보인다. 박정희 대통령시절에는 북한의 위협에 대한 대처방안 중 하나로 천도문제를 고민했다. 그러나 지금은 천도나 정부를 옮긴다고 해서 안보문제가 개선되기는 어렵다. 핵무기와 장거리 미사일 시대임을 잊지 말아야 한다.

실제로 세계적으로 역사적인 결정적 계기가 없이 대선을 이기기 위한 포퓰리즘적 발상에 정치인들이 영합하면서 행정기능의 양분을 결정한 나라는 없다. 터키의 경우 오스만투르크가 망하고 터키공화국이 출범하면서 과거와의 단절이라는 상징으로서 이스탄불에서 앙카라로 수도가 이전되었다. 일본의 경우 1990년 의회가 동경일극집중해소 및 특히 자연재해시 위험분산을 위해 수도 기능의 분할을 결의했으나 20여년 뒤 이 구상을 폐기했으며 이제 일본은 세계적 대도시로서의 동경의 기능을 강화시키는 정책을 펴고 있다. 통일 이후 베를린으로 수도를 이전한 독일의 경우 1949년 분단이 될 때 통일 독일의 수도는 베를린이 되는 것으로 이미 연방의회에서 결의되었던 것을 실현한 것이다. 우리의 경우는 정치적 포퓰리즘밖에는 행정기능을 이전하기 위해 세종시를 건설해야 하는 이유를 찾기가 쉽지 않아 보인다.

둘째, 그렇다 하더라도 행정부처가 이전되면 지역의 발전이 이루어질까? 다른 나라의 경험을 보면 명확하지 않다. 긍정적인 경우로 흔히 많이 인용되는 영국의 공공기관 이전을 보면 잉글랜드 동북지역을 포함한 일부 낙후지역을 제외하고 대부분의 지역들은 정책시행의 수혜를 보지 못했다. 더욱이 수혜를 본 지역에서조차도 정부기관이전에 따른 일자리 창출은 전체 고용률에 비해 저조한 실적을 보여주었다. 결국 영국의 정부기관의 지방분산정책은 지방의 고용률 증가 및 경제성장에는 그다지 큰 영향을 미치지 못했다. 현재도 진행되고 있는 기관이전정책은 기존 지역의 높은 임대료 및 물가, 임금 등을 피해 공공부문 비용절감과 노동비용절감을 위해 시행되고 있어, 영국의 지방분산 정책은 국가균형발전의 취지와는 거리가 있다고 할 수 있다.[27] 부분적으로 공공기관 이전을 하고 있는 프랑스의 경우에도 공공기관 이전이 지역의 고용이나 경제성장에 기여하는 바는 거의 없다고 평가되고 있다. 더욱이 공공기관 이전은 중앙정부가 일방적으로 하는 것이 아니라 이전 대상 도시에 대한 일정한 기준을 마련하고 이전 관련 주체들과의 논의를 거쳐 점진적으로 이루어지고 있다.[28]

셋째, 만일 행정기능의 이전이 필요하다 하더라도 왜 하필 충남(연기)이어야 하는가? 충남이 지정학적으로 유리한가? 박정희 대통령이 이 지역으로 행정수도 이전을 고려했었다는 사실이 지금 시점에서 크게 의미가 없다는 점은 이미 지적한 바와 같다. 세종시가 소위 균형발전의 상징적 케이스가 될 수 있기 때문이라고 생각해 볼 수도 있으나, 이는 현재의 충남과 타 지역들과의 경제적 위상을 고려한다면 설득력이 없어 보인다. 충남이 대한민국에서 가장 역동적인 성장지역 중의 하나임은 주지하는 바와 같다. 결국은 정략적 발상과 지방발전, 혹은 균형발전논리가 합쳐져서 세종시 건설이라는 문제가 발생한 것이다.

넷째, 인위적 도시조성을 통한 수도이전이 성공한 사례가 있나? 거의 없어 보인다. 왜 그럴까? 도시의 속성을 몰라서 그렇다. 도시의 형성은 일종의 복잡계 창발현상이다. 도시란 사람들의 만남과 네트워크를 통해 시너지를 향유하기 위한 자기조직화 노력이 모여 자연스럽게 집적을 만들

---

27) Richardson and Bae(2007).
28) IAURIF(2007) 및 DIACT(2007) 전문가와의 면담 자료에 기초.

어내면서 형성된다고 한다.[29] 정부의 인위적 조성이 성공하는 경우는 기존 도시의 기능을 더 강화시킨다든지 도시의 자기 조직화의 힘에 순응할 때만 가능했다. 호주와 브라질의 상황은 우리에게 좋은 교훈을 준다. 1901년 영국으로부터 자치권을 확보한 이후 수도로 선택된 캔버라는 1927년에 멜버른에서 기능을 이전받았지만, 중요한 국가 기관들 간의 거리가 너무나 멀기 때문에 보행을 통한 접근이 사실상 불가능하여 도시에서 보행자를 찾아보기 어려운 유령도시와 같다. 더욱이 많은 사람들이 캔버라에 볼 일을 보기 위해 시드니에서 왕복하기 때문에 왕복비행기는 흡사 출퇴근버스와 같은 기능을 하고 있다. 브라질의 경우 1920년에 신수도 건설 논의가 시작되어 1955년에 브라질리아가 선정되어 1960년에 수도가 리우데자네이루에서 브라질리아로 이전되었다. 그러나 주말만 되면 관료들과 정치가들은 리우데자네이루로 떠나 브라질리아는 주말의 여의도를 방불케 하고 있다.

단지 줄을 긋고 그림을 그린 후 돈을 흩뿌리면 도시가 건설된다는 사고에서 벗어나야 한다. 사회주의적 계획체제가 왜 실패했는지 진지하게 고

---

29) 이와 같은 도시의 형성과 집적과정에 대한 흥미로운 논의는 Jacobs(1984)와 존슨(2004) 참조. 이들은 도시형성을 일종의 복잡계의 창발현상으로 본다. 이런 점에서 우리의 자본주의 신 발전관과 다르지 않다.

민해야 할 것이다. 또한 수도는 한 국가의 역사적·사회적·경제적·문화적인 중심지이며 한 국가의 관문이자 얼굴이라는 것을 명심해야 한다.

- 세종시의 미로에서 탈출하기

그럼 세종시, 어떻게 해야 할까? 민주주의는 번영을 위한 수단이어야 한다. 국가 번영에 해가 되는 결정은 민주적 절차로 정해졌다 하더라도 민주적 절차에 따라 다시 바꾸는 것이 옳다. 소위 "정책결정에 있어 다수의 의견이면 그 옳고 그름에 관계없이 정부가 따라야 한다"는 것은 민주주의의 원칙이라기보다 무절제한 포퓰리즘 민주주의의 표본이다. 역사는 이러한 민주주의가 결코 국가번영에 도움이 안된다는 교훈을 주고 있다. 결국 세종시 문제에 대한 해법은 정략적 차원에서 나온 일부 행정부처 이전계획은 취소하되 지역발전의 약속은 지키는 것이 옳다고 생각된다.

과학적 판단만으로는 앞에서 주장한 바와 같이 원천 무효화하는 것이 가장 효율적인 대안일 것이지만 국가운영이 원칙만으로 되는 일이 아님을 이해하는 것도 중요하다. 이런 현실적 관점에서 보면, 국가의 충남과의 약속의 본질과 목표는 충남의 지역발전을 지원한다는 것이므로 이는 국가적 신뢰를 위해 지켜지는 것이 좋다. 그러나 행정부의 이전은 충남의 지역발전을 위한 수단이어야지 그 이전 자체가 목적이 될 수는 없다. 그래서 규모에 연연하지 말고 행정부의 이전 없이 소규모의 자생력 있는 미래형 도시를 구상하는 것이 합리적일 것이다. 규모를 너무 키우는 것은 오히려 비효율을 더 확대하는 결과를 가져올 수 있다.

그러면 어떻게 풀어나갈 것인가? 먼저 충청남도가 나서서 자율적으로 해결하도록 해야 성공한다. 정부는 국가의 미래에 해가 되는 행정 분할 약속은 거둬들여야 하지만, 적어도 충청남도에 원래 약속한 만큼의 지원은 해야 할 것이다. 그러나 세종시를 어떤 규모, 형태와 방식으로 건설할지에 대해서는 중앙정부(청와대, 총리실, 국토해양부)는 지원역할을 하고 모든 주요 결정을 충청남도에 일임해서 결정하도록 하는 것이 자치의 원칙에 맞다.

충남은 자기책임하에 자족도시를 만들기 위한 피나는 노력을 경주해야 하며, 필요하면 충남도민의 주민투표를 통해 도시의 형태나 방향을 재정립할 수도 있을 것이다. 내 집 뜰에 남들이 집을 짓겠다고 야단인데 나 몰라라 하는 것은 집주인이 할 일이 못된다. 한편 전국대상의 국민투표가 거론되지만 이는 적절치 않아 보인다. 보나마나 충청 이외의 지역은 다 반대할 것이기 때문이다.

세종시 문제의 해결 과정에서 국회나 정부는 그동안 의사결정과정에서 발생한 잡음과 충청남도 도민에 끼친 누에 대해 깊이 사과해야 한다. 정치인들은 이를 계기로 향후 정략적 결정을 하지 않겠다는 약속이라도 해야 할 것이다. 물론 이러한 정치인들의 약속이 지켜질 가능성은 극히 낮아 보이지만….

### 2) 세종시가 문제면 혁신도시도 기업도시도 문제다

정부는 세종시를 둘러싼 논란의 와중에도 혁신도시 및 기업도시를 그냥 추진한다고 선언했다. 이 시점에 이들 도시문제까지 논란에 휩싸이면 지방의 반발 등으로 정치적 어려움이 가중될 것을 우려해 이런 결정을 내린 것으로 보인다. 참여정부는 10개의 혁신도시, 6개의 기업도시, 7개의 혁신클러스터 등 다양한 개념의 도시를 균형발전이라는 이름하에 전국에 건설하겠다는 계획을 발표했으며 이미 그 계획의 일부는 집행중에 있다.

혁신도시는 공공기관이전으로, 기업도시는 기업의 유치로, 혁신클러스터는 공업단지의 현대화를 통해 조성한다는 계획이다. 여기서 혁신도시는 규모만 달랐지 정확하게 세종시와 동일한 개념에서 출발한 것이기 때문에 세종시에 문제점이 있다면 혁신도시 또한 문제이다. 도시를 산업별로 특화하고 관련 공공기관을 이전한다고 했지만 행정부처 대신 공공기관을 이전하고 행정 대신 산업부문에 특화한다는 것을 빼면 세종시와 동일한 개념이다. 따라서 혁신도시 문제도 차제에 세종시와 같이 종합적인 관점에서 재검토하는 것이 옳았다고 생각된다.

이 모든 도시는 결국 기업의 입주 여부에 의해 그 자족성이 결정될 것이기 때문에 기업을 어떻게 채울 것이냐 하는 것이 관건이다. 그러나 지금 우리나라 기업경영환경이 기업을 유치하기보다는 밖으로 내모는 환경이기 때문에 이 모든 도시들을 자족성 있는 도시들로 키워내기는 여간 어렵지 않을 것으로 보인다. 그리고 인구마저도 출산율저하 등으로 증가율이 정체되고 있는 상황에서 인근 기존 도시나 도심으로부터 인구유출문제도 심각한 정치적 문제가 될 소지가 있다. 앞에서 지적한 자족도시 건설의 어려움은 물론 이러한 이유들 때문에 이 모든 개념의 도시들을 계획대로 다 키워낼 수 있을 것인지에 대해서 확신하기는 어렵다. 이들 도시 건설 계획은 이쯤에서 구조조정할 필요가 있다고 생각된다.

이제 참여정부가 잘못된 국가균형발전이념에서 시작한 세종시, 혁신도시, 기업도시, 혁신클러스터조성 등의 도시 조성사업들을 모두 재검토하여 지역거점으로서의 성장잠재력을 재평가하고 이에 따라 제한된 자원과 기업들을 소수의 성공가능지역으로 집중 유도하여 흥하는 이웃을 만들어내는 지역발전전략으로 전환해야 한다. 정치적으로 어려운 일이 되겠지만, 일본이 국가균형발전정책기조 하에 일본열도를 개조한다 하여 1970년대부터 추진한 전국토의 테크노폴리스화전략이 결국 부동산 버블과 잃어버린 10년을 초래한 참담한 경험을 반면교사로 삼아야 할 것이다.


## 4. 지역발전을 위한 선택

자본주의경제의 신 발전관에 따르면 경제발전의 과정이란 경제력이 특정지역과 경제주체에게 집중·집적되는 과정이다. 우리나라 개발연대의 성공은 바로 이 원리를 선용했기 때문이다. 그러나 지난 30여 년간은 반대로 집중과 집적을 해체하는 노력을 해왔으며 이것이 오늘날 한국경제의 성장잠재력 하락을 주도하고 있다. 경제력의 집중과 집적에 따른 불균형은 또 다른 집중과 집적을 통해서만 완화 가능하다. 분산과 해체는 모두의 불행을 초래하게 된다.

균형발전을 정치권이 아무리 외쳐도, 헌법이나 법률에 아무리 깊게 못을 박아도, 균형발전이념은 결코 균형을 가져오지 않으며 모두 평등한 지역발전을 보장하지 않는다. 어떠한 경우에도 불균형은 우리와 함께할 것이다. 불균형 속에서도 우리 모두가 발전하는 동반성장을 위한 합리적인 방안은 또 다른 불균형 거점을 보다 많이 만들어내는 집적 균형전략이다.

보다 많은 흥하는 이웃을 일으켜 세워야 한다. 제2, 제3의 강남을 영남과 호남에도 생길 수 있도록 해야 완전히 평등한 균형은 아니라 하더라도 지역균형을 달성할 수 있다. 같은 이치로 세종시, 혁신도시, 기업도시, 혁신클러스터, 공공기관이전 등등, 모든 수단을 분산과 해체가 아니라 또 다른 집적과 집중을 만들어내는 방향으로 재구성해야 성공할 수 있다. 이를 위해서는 잠재력과 성과에 따라 차별화하고 필요한 경우 일부 대상지역을 육성대상에서 탈락시킬 각오로 나가야 한다.

지역발전은 각 지자체가 자기책임 원칙하에 발전의 원천을 창출해 내도록 해야 성공할 수 있다. 분권자치를 통해 재정적 수단과 정책권한을 이양함으로써 각 지방이 자율과 자기책임 원칙하에 발전의 원천을 국내·외로부터 유치할 수 있도록 허용해야 한다. 이렇게 해야만 경쟁을 통한 역동적 성장과정을 창출해 낼 수 있다.

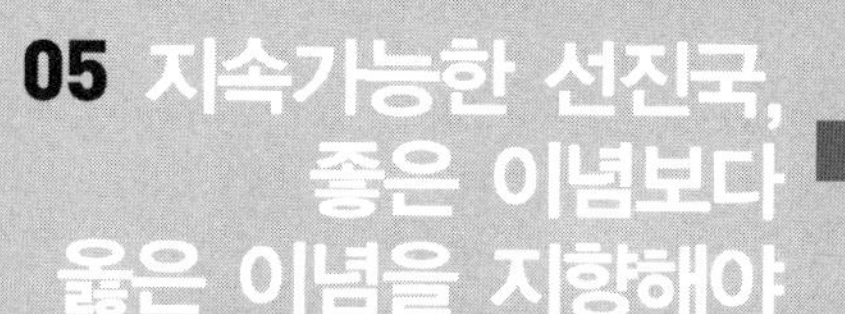

# 05 지속가능한 선진국, 좋은 이념보다 옳은 이념을 지향해야

자본주의 모순관에 기초한 선진국관은 실현성도 지속가능성도 없다. 소위 "흥하는 이웃을 청산하고 평등을 추구"해야 한다는 이념에 기초한 선진국관은 그 포장이 어떠하던 실현가능성은 낮다. 신 자본주의발전관에 의하면 흥하는 이웃을 지속적으로 창출하지 못하는 경제는 지속가능하지 않다. 소득과 자원의 재분배를 통해 소득균형과 지역균형을 만들어내려는 균형발전은 흥하는 이웃과 지역을 지속적으로 역차별할 수밖에 없기 때문에 지속가능하지 않다. 그래서 경제, 사회, 지역의 균형발전을 내걸고 선진국을 만들겠다는 주장은 실현가능성이 없다.

선진국은 좋은 이념으로 되는 것이 아니다. 경제사회균형을 추구하는 사회주의, 사회민주주의, 수정자본주의는 그 좋은 이념에도 불구하고 지속가능한 선진국을 보장하지 못한다. 지속적으로 흥하는 이웃이 넘치도록 경제사회제도를 이끄는 경제라야만 지속가능한 선진국을 담보할 수 있다. 사회민주주의를 지향하고 있는 지금의 선진국들의 어려움을 반면교사로 삼아야 지속가능한 선진국을 이룰 수 있다.

선진국으로의 경제적 도약을 위해서 정부는 "흥하는 이웃을 넘치게" 해야 한다. 이를 위해 정부는 항상 스스로 돕고 노력하여 흥하는, 자조(自助)하는 국민들을 우대하는 차별화전략을 실천해야 한다. 정부는 산업과 기업을 육성하고, 지역을 육성함에 있어 항상 스스로 돕고 노력하여 흥하는 주체들을 우대해야 흥하는 이웃들을 넘치게 할 수 있다.

복지는 필수적이지만 최선의 복지는 일자리를 지속적으로 공급하는 것이다. 그러나 정부가 일자리 창출의 주체가 될 수는 없다. 일자리창출은 기업의 몫이다. 공교육과 공공의료서비스는 최소한의 필수적 공공복지서비스기능이다. 정부는 교육을 통해 일할 수 있는 지적능력과 공공의료 서비스를 통해 일할 수 있는 건강한 삶을 보장하는 일에 집중해야 한다. 그동안 '음지를 지향하게 만들어온' 사회정책으로서의 복지제도를 '음지에서 양지를 지향하여 흥하는 이웃의 대열에 동참하게 하는' 발전정책으로 전환해야 선진국이 지속가능하다.

# 1. 기존의 선진국관, 실현성이나 지속가능성 없는 이상사회 건설과 크게 다르지 않다

그동안 '선진국'이란 용어는 많이 사용됨에도 불구하고 이에 대한 객관성 있는 정확한 정의나 실현가능성에 대한 비전은 없이, 논자에 따라 나름대로의 세계관에 기초해서 그리는 이상향을 제시하고 있다. 많은 경우 선진국비전은 실현가능성이나 지속가능성이 의심되는 매우 주관적인 사회주의적 이상이나 혹은 여러 좋은 이념을 여러 가지 형태로 조합하여 제시하는 경우가 많다.

국제기구에서 통상 활용하는 선진국과 비선진국의 구분 기준은 일정 수준의 1인당 소득에 삶의 질을 나타내는 사회 및 정치발전 지표들을 추가하고 있는데 각종 지표들 간의 상충가능성 등으로 그 실현가능성이나 지속가능성이 의심되는 경우가 많다.[30]

---

30) UN은 인적개발지수(Human Development Index : 교육수준, 문맹률, 평균수명, 생계수준 등 인간의 삶과 관련된 지표)가 높은 국가를 선진국(developed economy)이라고 규정하고 있고, 인적개발지수가 0.9 이상이면 선진국이라고 보고 있는데 우리나라의 인적개발지수는 2007년 기준 0.937이다(UNDP, 2009). 세계은행이나 IMF는 단순한 소득기준을 제시하고 있는데, 세계은행은 1인당 소득 11,906불 이상의 국가를 고소득 국가(high income economy)로 정의하고 있으며(http://go.worldbank.org/K2CKM78CC0), IMF는 1인당 소득 및 구매력 기준 GDP, 총수출, 인구 등을 고려하고 있다(IMF, 2009).

국내 일부학자들이 제안하는 선진국은 자신이 주관적으로 좋다고 생각하는 이상향을 그리고 있거나 국제기구의 기준들을 다소 다른 방식으로 조작하여 쓰고 있는데 그 실현가능성이나 지속가능성을 검증하기란 쉽지 않다.[31] 또한 최근(2009년 11월)에는 우리나라 경제인문사회연구회가 선진국 종합지표를 제시하고 있으나, 이 경우에도 이들 지표들 간의 상충가능성 및 실현가능성과 지속가능성에 대한 검토가 없기 때문에 기존의 시도들과 마찬가지로 그저 좋은 지표를 합친 이상적 결과를 제시한 것에 불과하다는 비판에서 자유롭지 못하다.[32] 한편 노벨경제학상 수상자인 아마티어 센(Amartyr Sen)은 '성취의 자유(freedom to achieve)'를 발전의 척도로

---

[31] 예컨대 서울대 박세일 교수는 "공동체"와 "자유주의"라는 좋은 이념을 조합한 공동체자유주의라는 개념을 선진국 비전으로 제시하고 있는데 실현가능성이나 지속가능성이 의심되는 이상론이라는 비판이 있다. 그는 종합적 선진국 비전으로, 경제적으로는 1인당 국민소득 3만불(2005년 가격), 정치적으로는 자유민주주의, 사회적으로는 신뢰사회, 국제적으로는 이웃으로부터 존경받는 부민덕국(富民德國), 교육은 공동체자유주의(communitarian liberalism), 통일은 선진화 포용통일론(선진화 통일론)을 주장하고 있다. 박세일(2006) 참조. 한편 서울대 조동성, 문휘창 교수는 '사회적 자본'을 선진국 기준으로 설정하고, 고소득 OECD 국가의 평균은 353,339달러인 반면 한국은 107,864달러에 그치고 있어 선진국으로 진입하기 위해서는 사회적 자본의 향상이 필수적이며 그중에서도 법질서 및 제도 측면의 제고가 필요하다고 주장했다. 세계은행은 사회적 자본은 무형적 자본(intangible capital)의 일부로 법 규칙성(law regularity), 사회적 신뢰, 지식경쟁력 등 국가의 부를 창출하는 핵심 요소라고 주장했다. 조동성·문휘창(2006) 참조.

[32] 경제인문사회연구회는 성장동력, 사회통합, 환경 등 3개의 대분류, 안정적 성장과 산업경쟁력, 자유롭고 안전한 생활 및 관용사회와 신뢰받는 정부, 환경 등 5개의 중분류, 소득 등 17개 소분류 등을 결합하여 '경제사회발전지표'라는 종합지표를 구성했다. 우리나라의 종합지수 순위는 1990년 이후 큰 변화 없이 OECD 30개 국가 중 21위로 과학기술경쟁력, 거시안정성, 금융규모, 경제개발성 등이 우수하며, 고령화/저출산, 사회적 형평성, 사회 정치분야의 자유, 외국인 수용성, 정부경쟁력, 국제사회 기여, 환경 위해성 분야 등이 취약함. 구체적인 내용에 대해서는 경제인문사회연구회(2009)를 참고하기 바란다.

보고 있는데 '성취의 자유'란 개인이 원하는 것을 이룰 수 있는 자유를 의미하는 것으로 경제발전이 이를 추구해야 한다는 것은 최상의 복지국가를 지향하는 것과 같다고 할 수 있다. 왜냐하면 모든 국민들이 자신들이 원하는 것을 다 누릴 수 있다는 것은 최상의 복지나 공상적인 사회주의 사회에서나 가능한 일이기 때문이다.[33]

따라서 기존의 선진국관들은 훌륭한 모습의 국가를 상정하고 있지만 그러한 국가상이 실현 및 지속가능한 것인지, 즉 최상의 복지와 도덕을 겸비한 국가가 동시에 경제적 번영을 이루고 유지할 수 있는가에 대한 고민이 없기 때문에 지속가능성이 의심되는 선진국관이라 할 수 있다.

---

33) Sen은 인도 출신으로 그의 경제발전관은 인도의 현실로부터 많은 영향을 받은 듯하다. 그는 발전에 있어 개인의 노력이나 자조정신을 강조하기보다 국가가 보다 나은 삶을 누릴 수 있는 능력을 보장해 줘야 한다고 보며 이러한 능력을 성취의 자유라 부르고 있다. Sen(2000) 참조. 그는 국민들에게 땀과 노력을 요구하는 발전전략은 지지하지 않는다고 밝히고 있다.

## 2. 지속가능 선진국관, 어떻게 접근해야 하나?

### 1) 선진국이란 지속적으로 부(富)를 창출하고 유지할 수 있는 부국이다

**"흥하는 이웃이 넘쳐야 선진국으로 도약 가능하다"**

선진국에 대한 비전을 설정하기 위해서는 무엇보다도 어떻게 해야 선진국으로 발전할 수 있는가에 대한 답을 제시해야 한다. 경제학은 아직 이 질문에 대한 답을 가지고 있지 못하다.

선진국이란 어떻게 정의하든 "부자가 많은 부국"을 의미하며 그 부를 선용함으로써 사회를 보다 더 높은 차원으로 이끌어갈 수 있는 국가라는 데에는 이론의 여지가 없다.

국민과 국가의 경제적 번영은 그 사회가 보다 높은 사회적·정치적 가치를 추구할 수 있는 여유와 역량을 가질 수 있게 하기 때문에 경제적 번영이 지속적으로 유지되지 않으면 안 된다. 따라서 경제적 번영은 선진국이 되기 위한 전제조건이며, 소위 말하는 질적 성장이라는 개념도(이런 개념을 쓰는 논자들은 대부분 경제적 번영을 양적 개념이라 폄하하는 경향이 있지만) 경제적 번영 없이는 이루어질 수 없다. 질적 선진화의 한 축으로서 정치선진화가 강조되지만 이의 지표가 되는 1인 1표의 민주정치가 반드시 경제적 번영을 가져오지도 않는다. 경제적 번영은 경제적 자유를 보장하는 자본주의 시장경제제도의 산물이며, 정치적 민주주의는 오히려 번영에 장애가 되는 경우가 많다. 민주주의와 경제적 번영은 양립하기가 어렵다. 이런 이유로 민주주의가 반드시 지속가능한 선진국을 보장하지 않는다.[34]

따라서 지속가능한 선진국의 절대적 필요조건은 국민들이 부를 보다 많이 축적해야 할 뿐만 아니라 그 사회가 지속적으로 부를 유지, 증가시킬 수 있어야 하며, 어떤 특정 수준의 소득 수준에 이르렀다고 하더라도 사회가 경제적 역동성을 잃어 정체되고 있다면 지속가능한 선진국이라고 정의하기 어렵다. 우리의 신 경제발전관에 의하면 "흥하는 이웃이 넘쳐야 지속가능한 선진국 도약이 가능하다".

## 2) 발전은 자기조직화를 통한 창발 과정

신 경제발전관에 의하면 발전은 자기조직화(self-organization) 과정을 통

---

34) 민주주의가 어떻게 개인의 경제적 자유에 장애가 될 수 있는지에 대한 설득력 있는 주장과 서구의 경제발전이 민주주의나 정치적 자유에 의해서가 아니라 경제적 자유가 보장된 자본주의 시장경제 때문에 가능했다는 주장에 대해서는 Holcombe(2008)를 참조하기 바란다. 한편 민주주의가 개인의 자유를 신장할 것이기 때문에 경제발전에 도움이 될 것이라는 주류경제학의 믿음은 아직 실증적으로 확인되지 않고 있다. 이에 대한 논의는 좌승희(2006)를 참조하기 바란다.

해 구성원 간의 긴밀한 유대 속에 서로 지식과 시너지를 공유함으로써 보다 높은 차원의 질서를 만들어가는 창발과정이다.

외부와의 유기적이고 지속적인 소통이 없는 경쟁이나 분쟁만이 지배하는 시스템은 새로운 질서를 만들어내지 못하여 창발할 수 없다. 그래서 경제학이 상정하는 간헐적인 만남과 경쟁만이 지배하는 시장은 발전을 만들어내지 못하며, 새로운 자원과 가치를 창출하는 일에는 역부족이다.

따라서 발전을 일으킬 수 있는 사회란 그 구성원들 간의 지속적인 소통과 만남, 자기조직화를 보다 용이하게 하는 사회이며, 이러한 관점에서 경제적 자유, 기업조직화(창업)의 자유, 기업 활동의 자유 등이 중요하다. 재산권보호, 법치, 신뢰 등이 경제발전에 중요하다고 여기는 이유는 바로 이러한 특성들이 거래비용을 낮춤으로써 경제활동의 자기조직화에 기여하기 때문이다. 자기조직화를 심화시키는 시장경제만이 발전을 가능케 할 수 있다.

# 3. 지속가능한 新 선진국관

### 1) 경제적 조건

첫째, 경제적 부국으로서 부의 수준이 모두 같아지지는 않지만 국민 모두의 부가 지속적으로 향상하고 있어야 한다. 예를 들면 1인당 국민소득이 3만불 이상이면서 경제성장을 지속할 수 있어야 한다.

둘째, 기업 활동의 자유를 포함하여 경제적 자유가 최대한 보장되고 있어야 한다.

셋째, 경제주체들(기업과 노조, 대기업과 중소기업, 수도권과 지방 등) 간에 "흥하는 이웃이 있어야 나도 흥한다"는 믿음을 기초로 한 협력적 상호작용과 네트워크가 활성화되어야 하며, 정부의 경제정책이 이를 적극 뒷받침해야 한다. 새로운 자본주의경제관이 자본주의 모순관을 대체할 수 있어야 한다.

넷째, 흥하는 이웃이 어떠한 이유로든 폄하되어서는 안 된다. 사회의 이념이나 분위기든, 조세제도나 경제활동에 대한 규제든, 경기규칙이 스스로 도와 흥하는 이웃에 불리하지 않아야 가난한 사람이 부자로 다시 태어나고, 부자가 더 많이 생기고, 대기업이 자라나고, 도시가 성장할 수 있다. 이것이 바로 지속가능한 선진국 도약의 절대 조건이 된다.


### 2) 사회적 조건

첫째, 모든 국민들이 자율과 자기 책임의 의식과 도덕률에 따라 행동하고 국가에 과도한 경제적 보호를 요구해서는 안 된다. 저축이 항상 미덕이며 정부의 복지서비스에 앞서 자력갱생이 우선한다는 생각, 즉 자조정신이 기본이 되어야 한다.

둘째, 사회의 경기규칙인 법질서를 철저히 준수하여 상식이 통하고 서로의 행동에 대한 예측이 가능한 사회이어야 한다.

셋째, 남에 대한 배려가 중요한 사회 도덕률이 되어야 한다. 이와 관련 '노블레스 오블리주' 문화의 정착과 확산이 필요하다. 이를 위해서는 무조건적인 이타심에 의존하기보다는 노블레스 오블리주가 효과적으로 정착될 수 있도록 경제사회적 인센티브 구조를 마련하는 것이 중요하다.

넷째, 복지가 소득재분배정책이 아니라 교육기회의 확대와 기업투자 활성화를 통한 일자리창출정책으로 대체되어야 지속적 번영을 담보할 수 있다. 정부가 교육기회와 공공의료서비스 확대를 통해, 각각 일할 수 있는 기본소양과 일할 수 있는 건강을 유지할 수 있도록 하는 것은 일자리 중심 복지제도를 위한 최소한의 조건이다.

## 3) 정치적 조건

첫째, 정치적 이유로 경제적 자유가 훼손되어서는 안 된다. 평등의 정치적 이념에 의해 경제적 자유가 훼손되면 지속가능한 경제적 번영은 어려워지기 때문이다.

둘째, 민주주의가 필수적이지만 소위 1인 1표의 민주제도가 경제사회 정책결정을 좌지우지해서는 안 된다. 다수 여론에 따라 정책을 결정하는 포퓰리즘은 선진국으로의 도약을 막을 뿐만 아니라 선진국을 정체, 퇴보하게 만든다. 헌법은 정치권력이 국민경제생활에 개입할 수 있는 최후의 한계를 설정함으로써 국민의 경제적 자유를 보호하는 역할을 제대로 해야 한다. 포퓰리즘에 의해 정부나 의회가 국민의 경제적 자유를 제약하는 개입을 할 때 헌법이 이를 막을 수 있어야 한다. 소위 자유민주주의라는 개념이 바로 이러한 헌법적 특성을 강조하고 있는 것이다.[35]

셋째, 평등의 가치를 앞세우는 사회민주주의보다 자유의 가치를 앞세우는 자유민주주의가 정립되어야 한다.

넷째, 복지정책을 포함하여 민주주의가 국민을 위해 해줄 수 있는 일의

---

[35] 미국 민주주의는 자유민주주의적 헌법과 대법원의 권한을 강화하여 의회의 전횡을 막으려는 삼권분립의 이상을 실천하려고 노력하고 있지만 여전히 정치포퓰리즘에서 벗어나지 못하고 있다.

한계를 인식하는 것이 포퓰리즘 민주주의를 막고 지속가능한 선진국을 달성할 수 있는 조건이다. 과도하게 국민들을 보호하겠다는 민주주의 정치는 국민들의 도덕적 해이[36]를 초래하여 발전을 저해한다.

4) 그러면 무엇을 기대할 수 있나?

이상과 같은 선진국으로서의 경제적·사회적·정치적 조건이 갖춰지면 국민들, 경제주체들 간에 시너지창출이 활성화되어 무에서 유를 창출하는 혁신이 일어나고 지속가능한 선진경제가 달성될 수 있다.

국민들은 자기노력으로 일어서고 자기개발을 위한 노력으로 교육수준이 향상되어 인적자원이 향상되고, 자기조직화를 통해 기업이 활성화되면서, 고용은 기업의 투자에 의해 증가되기 때문에 정부는 일할 능력이 없는 계층에 대한 복지만을 담당하게 될 것이다.

---

36) 정부가 도움을 계속 제공하면 국민들이 자조하기 보다는 그 도움에 안주하여 의존하려 하는 성향을 일컫는 말로, 예컨대 정부가 가난한 사람, 중소기업만을 위하겠다고 하면 국민들 모두가 다 가난해지려 하거나 중소기업만 하겠다고 하는 현상이 발생하게 된다.

# 4. 모델 국가는 없는가?

현재 선진국이라고 분류되는 국가 중에 우리의 모델이 될 만한 나라는 없어 보인다. 오히려 반면교사가 더 많아 보인다. 미국이 상대적으로 모델이 될 수 있지만, 미국 또한 점차 사회민주주의로 전환되고 있어 미국 경제 또한 점차 역동성을 상실하게 될 것으로 전망된다.

북구 유럽을 포함한 거의 모든 서구 선진국들은 19세기 이후 이룬 부를 20세기 중반 이후 수정자본주의체제 유지를 위해 지속적으로 소진하여, 이제 거의 모든 선진국 경제들이 계속적으로 역동성을 잃고 침체되고 있으며 향후 지속가능성이 보장되기는 어려울 것으로 보인다.[37] 그동안 선진국들은 칼 마르크스의 자본주의 모순론에 기초하여 재분배를 강화하여 모순을 해결해야 한다는 잘못된 사회민주주의적 이념에 사로잡혀왔다. 사회민주주의 혹은 수정자본주의체제는 앞에서 지적한 지속가능한 선진국 조건에 역행하는 정책들을 지속적으로 추진해 왔음을 확인할 수 있다.

우리의 지속가능한 선진국관은 자본주의를 모순으로 보지 않으며 자본

---

37) 최근 G-20이 형성되고 우리나라가 그 회의를 유치할 수 있었던 것은 우리가 잘해서라기보다도 수정자본주의라는 이념 하에 잘못된 정부개입이 초래한 선진국 경제의 정체에 기인한다고 해석할 수도 있다.

주의 시장경제의 장점인 상호작용과 자기조직화를 통한 시너지창출과 공유라는 발전의 메커니즘을 선용할 수 있어야 선진국으로 도약할 수 있을 뿐만 아니라 이를 지속할 수 있다는 관점이다. 그러나 세계 선진국이라는 나라들과 심지어 후진국들의 경우도 자본주의의 모순관에 기초한 수정자본주의나 사회민주주의 이념과 포퓰리즘 민주주의를 바탕으로 경제적 번영을 훼손하고 있는 것이 현실이다.

# 06 한국의 미래를 위한 선택, 흥하는 이웃이 넘치는 사회를 지향해야

우리나라는 이미 1980년대부터 당시 시대 조류에 따라 수정자본
주의의 핵심인 균형발전 이념 속에서 경제적 평등을 추구하는 정책이나
규제가 끊임없이 도입되었다. 이른바 경제를 민주화해야 한다는 경제민
주화 이념이 풍미하기 시작한 것이다. 경제민주화란 1인 1표의 절차적 민
주화를 넘어 주권자들의 경제력의 균등을 도모함으로써 경제력의 차등에
서 오는 정치적 영향력의 불균형을 제거하여, 실질적으로 정치적 힘이 균
등해지는 실체적 민주주의를 달성하고자 하는 것으로 서구 사회민주주의
와 맥을 같이하고 있다.[38] 이러한 경제민주화이념은 궁극적으로 자본주
의체제는 불평등하다는 자본주의 모순관에 맞닿아 있다. 따라서 이 이념

---

38) 이에 대해서는 Dahl(1985, 1998) 참조.

의 실현을 위해서는 경제적 평등의 실현을 위한 인위적인 자원의 재분배와 각종의 규제는 불가피해진다. 우리나라는 정치민주화가 실현되던 1980년대 후반부터 경제민주화 이념이 헌법에 도입되고 정치·경제·사회정책의 새 패러다임으로 자리 잡았다. 재벌 대기업에의 경제력집중과 도시집중을 억제하고 중소기업과 지방을 육성하여 경제와 국토의 균형발전을 추구했다. 사회적으로도 기득권세력에는 불이익을 주고 취약계층에 대한 지원은 강화하여 평등사회를 지향한다 했다.

이에 따라 "흥하는 이웃을 홀대하는" 경제사회제도와 정책들이 도입되고 사회분위기도 그렇게 조성되게 되었다. 이제 경제적, 사회적으로 홀대받는 역량 있는 대기업들은 지속적으로 해외 탈출을 시도하여 해외 생산이 크게 늘고 고용의 해외수출현상이 심화되면서 국내경제는 정체되고 청년실업, 장년실업, 복지부담 등이 확대되고 있다. 역으로 중소기업들은 상대적으로 우대를 받고 있다고 하지만 침체된 내수와 정부지원에 의존하려는 도덕적 해이로 그 성장동력이 살아나지 못하고 있다. 이에 따라 일부 대기업들의 수출과 수익은 유지되고 있지만 국내경제는 내수와 고용 모두에서 큰 어려움을 겪고 있다. 한편 지역발전전략에 있어서도 국토 및 지역균형이라는 이념에 사로잡혀 "흥하는 이웃은 홀대하고 낙후된 지역들은 골고루 발전시킨다"는 정책을 30여 년간 추진한 결과 도시도 농촌도 모두 동력을 상실하고 국토의 성장잠재력은 정체되어 선진국 진입에 제약이 되고 있다. 사회적으로도 소위 기득권층 대 비 기득권층으로 나누어 전자를 폄하하고 후자를 우대함으로써 사회적 평등을 추구했으나 오히려 양극화는 심화되고 소득불균형은 더 심화되고 있다. 이러한 이분법적이고 대립적인 구도의 "흥하는 이웃들에 대한 역차별과 흥함이 없는 이웃들에 대한 우대" 정책들은 반 대기업, 반 수도권, 반 부자, 반 기득권 정서를 조장하고 한국사회를 분열시키며 경제부문 간, 지역 간, 계층 간, 세대 간 갈등을 치유하기 힘들 정도로 고조시키고 있다.

이제 그동안의 잘못된 "흥하는 이웃을 홀대하는" 국가 운영의 제도와 규칙을 획기적으로 개혁하여 "흥하는 이웃들이 넘치게" 하지 않고는 선진 경제로의 도약은 어려워 보인다. 이러한 방향으로 정책을 전환하려면 포퓰리즘에 빠진 정치권과 지식인, 국민을 설득하는 일이 시급한 그러나 어려운 과제가 될 것이다. 평등주의에 안주하여 나의 불행을 남 탓으로 치부하는 한국인의 왜곡된 이념을 고치지 않고서는 선진일류국가 도약은 요원한 꿈이 될 것이다. 대안은 "흥하는 이웃 자체가 모순"이라는 자본주의 모순관에서 탈피하여 "흥하는 이웃이 있어야 나도 흥한다"는 발전친화적인 새로운 이념인, 자본주의 신 발전관을 설득하는 길밖에는 없어 보인다. 국가의 리더십부터 이러한 문제의식을 갖고 국민의 이념을 바꾸어내는 일에 나서야 할 것으로 보인다. 이를 위해서는 흥하는 이웃이 제대로 대접받도록 경제·사회제도를 바꿔내야 한다. 이를 통해 발전친화적인 이념을 한국의 문화 유전자화하여 다수 국민들로부터 흥하는 이웃이 되고자 하는 노력을 유도할 수 있을 것이다.[39] 국민 통합이란 서로 다른 이념을 적당히 타협하여 혼합하는 것이 아니라 자본주의경제의 신 발전관이 옳은 이념임을 확인하고 국민들의 잘못된 이념을 바꿔내는 작업임을 잊어서는 안 될 것이다.

---

[39] 구체적인 정책과제들에 대해서는 좌승희(2006, 2008)를 참조.

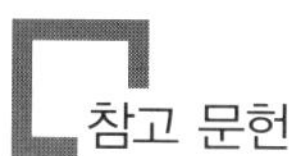 참고 문헌

경기개발연구원 · 한국지방자치학회(2009),

　　한중일 지방분권 국제심포지엄 발표자료.

경제인문사회연구회(2009),

　　'한국 경제 · 사회 선진화의 조건' 대토론회 발표자료.

그레고리 클라크(2009),

　　『맬서스, 산업혁명, 그리고 이해할 수 없는 신세계(*A Farewell to Alms*, Princeton University Press, 2007.)』(이은주 역), 한스미디어.

박세일(2006),

　　『대한민국 선진화 전략』, 21세기북스..

조동성 · 문휘창(2006),

『이론과 실제 국가경쟁력』, 한국경제신문사.

존슨, 스티븐(2004),

『이머전스(Emergence)』 (김한영 역), 김영사.

좌승희(2006),

『신국부론-차별화와 발전의 경제학』, 굿인포메이션.

좌승희(2008),

『진화를 넘어 차별화로 - 복잡계 경제의 단순한 발전원리』, 지평.

좌승희 · 이태규(2006),

『한국영화산업 구조변화와 영화산업정책 - 수직적 결합을 중심으로』, 한국경제연구원.

좌승희 · 황상연(2008),

대처리즘, 레이거노믹스, 그리고 MB노믹스, 금융쓰나미에서 살아남을 수 있을까? - 복잡계 관점에서 본 금융위기의 원인과 시사점 -, CEO Report 2008. 10. 10(NO 24), 경기개발연구원.

__________(2008),

"서브프라임 금융위기에 대한 새로운 해석 : 반시장적 정부개입의 실패 사례" 『제도와 경제』 3권 2호, 한국제도 · 경제학회.

러처드 탈러 · 캐스 선스타인(2009),

『넛지 : 똑똑한 선택을 이끄는 힘(Nudge, Penguin)』(안진환 역), 리더

스북.

한국지방행정연구원(2002),

　　　법령상 사무 전수조사를 통한 지방이양대상 사무발굴 연구.

Dahl, Robert (1985),

　　　*A Preface to Economic Democracy*, Cambridge: Polity Press.

　　　__________(1998),

　　　*On Democracy*, New Haven: Yale University Press.

Friedman, Milton(1953),

　　　"The Methodology of Positive Economics" in Essays in Positive Economics (Part Ⅰ. Introduction), The University of Chicago Press.

Holcombe, Randall G.(2008),

　　　"Democracy and Prosperity" a paper presented at the International Conference on "Institution and National Competitiveness" organized by Korea Institution and Economics Association and held in Seoul, August.

IMF(2009),

　　　*World Economic Outlook*, October 2009.

Jacobs, Jane(1984),

　　　*Cities and The Wealth of Nation*, Penguin Book; Midlesex, England.

Richardson, Harry and Bae, Chang-Hee Christine (2007),

"Balanced Regional Development vs Global Competitiveness: A Review of British Regional and Urban Policies and Their Implications for Korea," paper presented at the International Conference on Decentralization Policies for Balanced Regional Development with Special Focus on Government Office Dispersal Program, Soongsil University and GRI.

Sen, Amartyr(2000),

*Development as Freedom*, New York; Random House.

UNDP(2009),

Human Development Report.

좌승희 박사의
## 대한민국 **성공경제학**

초판 1쇄 인쇄  2010년 2월 15일
초판 1쇄 발행  2010년 2월 25일

지은이    좌승희
펴낸이    방지선
펴낸곳    도서출판 일월담

주  소    서울시 마포구 마포동 324-3 경인빌딩 3층
전  화    02-3143-7995
팩  스    02-3143-7996
등  록    2003년 9월 30일  제 313-2003-00324호
이메일    book@booksorie.com

ISBN     978-89-93255-43-0  03320